290年前
享保年間の庄屋日記からよみとく

河内の村と庄屋

日下村長右衛門日々多忙

浜田昭子
Hamada Akiko

風詠社

森家日記の舞台

昭和 30 年代の日下村　辰巳政治氏提供

昭和 48 年　日下大池　現孔舎衙東小学校

生駒山

稲のはざかけ

昭和 40 年代の日下村　山口真治氏提供

森長右衛門と妻佳世の墓
来照山森家墓地

森家屋敷跡

森家長屋門跡

日下新池

丹波神社

河澄家屋敷前

日下川

日下村の中心

地蔵堂

御所カ池

来照池

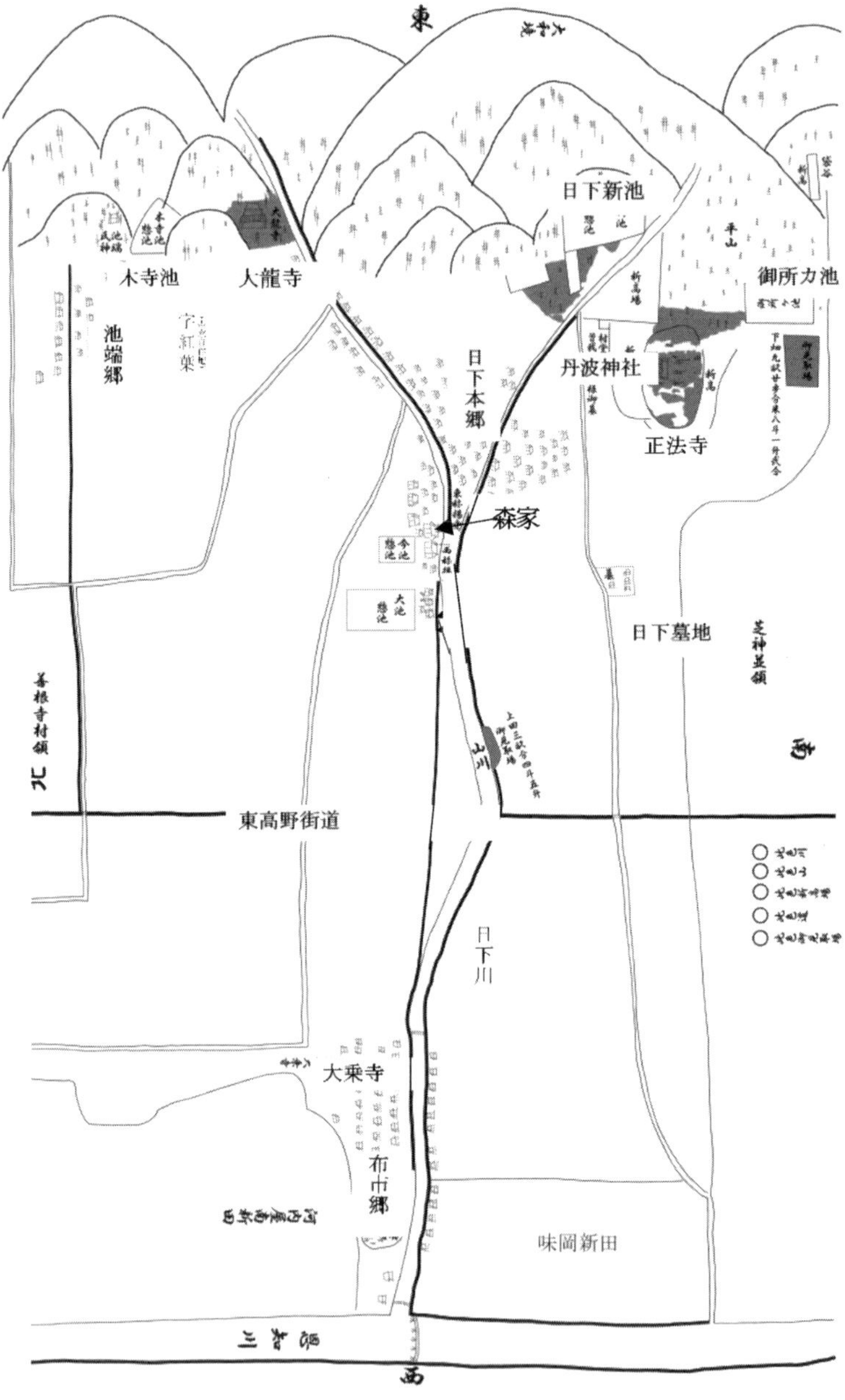

日下村絵図　　中之島図書館蔵、旧河澄家作図資料に加筆

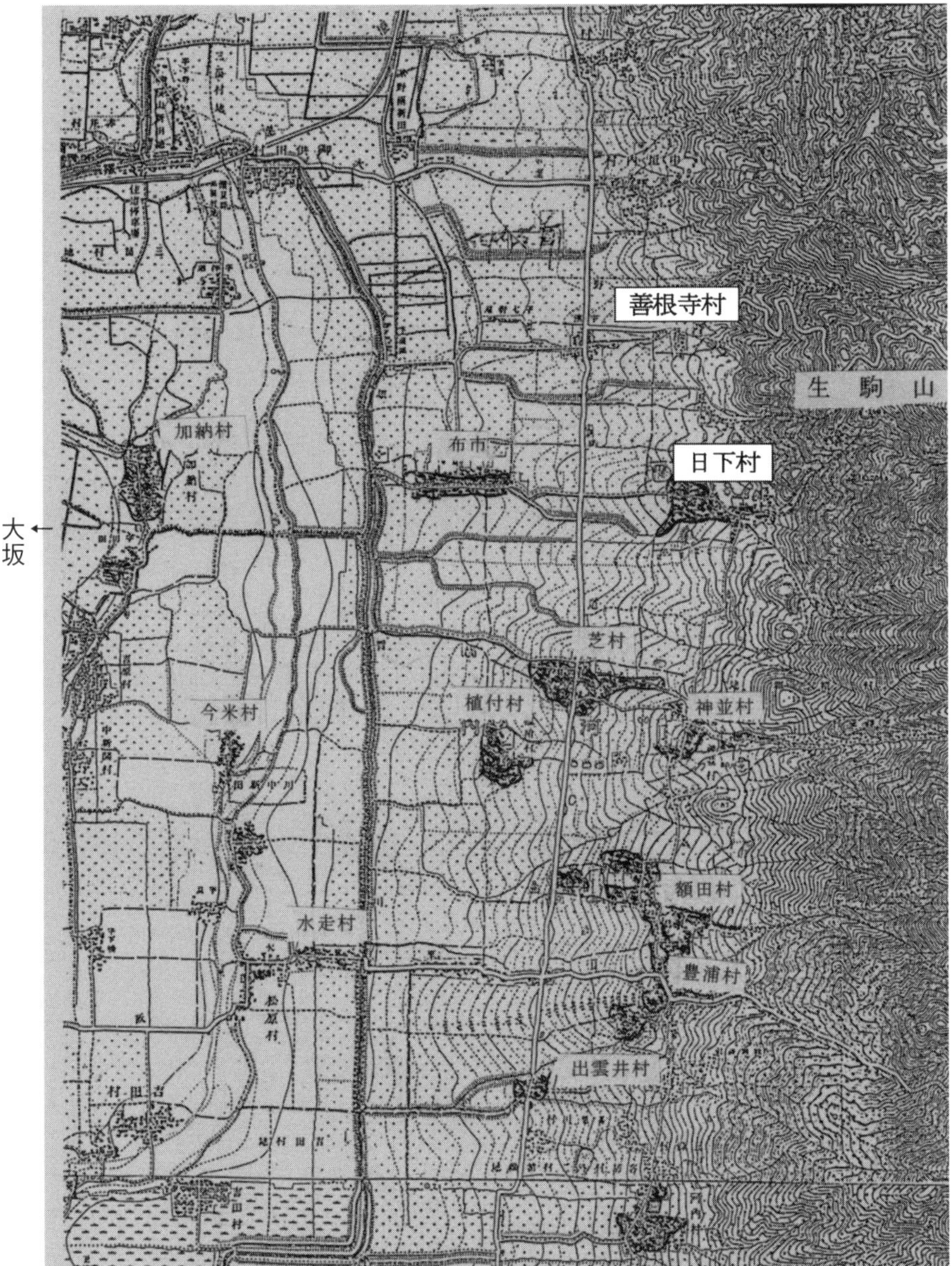

明治 18 年地図（現東大阪市） 陸地測量部作成図に加筆

はじめに―長右衛門日々多忙

本書で取り上げる『森家日記』は、河内国河内郡日下村（現大阪府東大阪市日下町）の庄屋森長右衛門貞靖が、享保十二年（一七二七）から延享二年（一七四五）にかけて記録したものである。この史料を地元日下で読むことの意義は大きいものがあるという思いで、「日下古文書研究会」を立ち上げ、解読を始めたのは平成十四年（二〇〇二）のことであった。この史料はすでに研究者によって広く知られており、水本邦彦氏、長友千代治氏、今田洋三氏の研究がある。

本書で注目するのは、長右衛門の庄屋としてのあり方と、その優れた地域運営能力である。長右衛門の日常はまさに東奔西走、現代の企業戦士にも勝るとも劣らぬ苛酷な職務に実に忠実。その日々は、「長右衛門日々多忙」という一語に尽きる。

几帳面な彼の筆は、日々訪れる人物を丹念に書き留めており、その交友関係は近郷の豪農、庄屋から、大坂町奉行所の与力、同心、蔵屋敷役人などの武士、さらに大坂南組惣年寄、有力な用聞や大名御用商人などの大坂町人まで、河内においても大坂においても、行政や経済を主導する人々との幅広いものであった。彼は鋭い観察力で、巨大な流通市場として全国経済を牛耳り、時代に先駆けた経済システムを構築して繁栄する都市大坂と、その背後にあって、自由経済の潮流にうまく乗り切り、確実な果実を手にしていた河内百姓の姿を活写する。

経済的にも文化的にも、最先端を行く大坂と深くかかわり、幅広い人脈から得た情報・知識と多様な経験によって、高い政治力を獲得していた長右衛門は、村落指導者としてもその能力を遺憾なく発揮した。村の平穏無事な暮らしの維持を第一とし、地域社会においても縦横の働きをする彼の姿に、近世の庄屋の一つの理想像を見ることができる。

常に多発する村落出入や、河内に大きな軋轢をもたらした新田開発など、地域に起こってくる様々な問題を、公正に解決してきた河内の庄屋の力量と、成熟した地域社会が大きく時代を動かしていた。享保十四年（一七二九）の薬草巡見における迅速な村連合結成と、見事な組合運営のあり方を見ても、そこから国訴のような、時代を先取りした、合法的な訴願闘争が生まれてくるのは、むしろ当然といえるものであった。

「日下古文書研究会」の発足以来、一八年間に読み終えたものを基本とし、平成二十五年（二〇一三）に刊行した拙著『かわち日下村の江戸時代』を下地としつつ、今回新しい構成として、「都市大坂」・「領主」・「地域社会」・「村の暮らし」・「河内文化」の五章に分けて河内の庄屋像を明らかにし、最後にそこから見えてくる庄屋の果たした役割を、近世と近代に分けて結論とした。

現代の日本社会を規定したといわれる近世社会、その村落の中心にあったものが庄屋であった。長右衛門の日常から見えてくる河内の庄屋の実像と、彼らが築き上げた地域社会というものに、新たな光を当てることができるのであれば幸いである。

令和二年三月一日

浜田　昭子

290年前 享保年間の庄屋日記からよみとく 河内の村と庄屋　日下村長右衛門日々多忙

目次

解説

『森家日記』

『森家日記』は、現在の東大阪市の北東に位置する日下町、池之端町、布市町の三地域が日下村と呼ばれた江戸時代に、この地の庄屋を務めた森長右衛門家の記録である。

長右衛門貞靖によって享保十二年（一七二七）から延享二年（一七四五）までの一八年間にわたる日記が一一冊があり、他に享保二十一年（一七三六）の長右衛門の次男平八の手になる日記が一冊あり、寛延二年（一七四九）から同四年（一七五一）までの長右衛門の長男文雄（生駒山人）の日記が三冊ある。享保十三年度日記は東大阪市加納の森義男氏所蔵、他は京都大学所蔵である。他に文雄の手になる延享二年の漢文日記「夷駒家史」があるが、これは原文の所在は不明で、昭和四十年代に東大阪市教育委員会が書写したものがあるのみである。

「日下古文書研究会」では、平成十七年（二〇〇五）に享保十三年度の翻刻と解説、平成二十五年（二〇一三）に享保十二年度と十四年度の翻刻、平成二十八年（二〇一六）に享保十五年度・十七年度・十八年度の翻刻と解説を刊行した。享保十二年と十四年度の解説書として、拙著『かわち日下村の江戸時代』を平成二十五年に刊行。その他にも河内の村方文書の調査を行い、『善根寺村向井家文書』（二〇一二）、『喜里川村中西家日記』（二〇一五）、『今米村川中家文書』（二〇一八）を刊行している。なお本書では、長右衛門が庄屋として最も活躍した享保十二年から同十七年（一七三二）を中心として使用し、日下村の村方文書としては、「河内国日下村元庄屋長右衛門記録」（京都大学所蔵・「長右衛門記録」と表記）を史料として使用した。また当会刊行の村方文書も史料として使用した。

森長右衛門家

森氏は中世には畠山氏被官、後筒井順慶に仕えた武士若松氏を先祖（『枚岡市史』資料編）とした名家で、近世初頭から代々河内国河内郡日下村の庄屋を務め、近郷きっての豪農として知られていた。

森長右衛門貞靖

天和三年（一六八三）、日下村の豪農である森家に生まれる。父は道意、母は善根寺村の豪農足立家の娘豊であった。父道意は享保十七年（一七三二）、豊は享保四年（一七一九）、に没す。父の後を継ぎ、享保五年（一七二〇）から享保十七年まで日下村庄屋として活躍した。

長右衛門は若いころに鳥山碩夫に師事した文人であり、その日記には彼自身の漢詩も見受けられ、難解な漢字を書きこなすその流麗な筆跡からは豊かな漢学の素養がうかがわれる。庄屋としての責務の過酷さの中で、一八年間にわたって執筆した『森家日記』には、彼の勤勉さが如実に現れる。庄屋としての役職に関する事柄に留まらず、何気ない日下村の明け暮れを丁寧に記録する。感情を交えず、出来事を端的に記すのであるが、そこに村人への温かいまなざしがうかがわれる。

とりわけ庄屋として、また近郷に名高い豪農としての長右衛門を取り巻く多様な人物の動向が描かれており、そのお蔭で我々は享保時代の河内に生きた人々、さらに大坂町人の活躍や武士の実像までも知ることができる。享保時代（一七一六〜三六）の森家は家運も隆盛し、男子四人の子福者で、誰もが羨む境遇であったが、六〇歳ごろから長年の飲酒が原因で病床に伏すことが多くなる。延享二年（一七四五）十一月十五日、いつもと変わることなく、几帳面に日記を記したその九日後の二十四日に、六二歳で生涯を閉じた。来照山と称される、現在の東大阪市池端町にある森家屋敷の裏山に残るその墓石には、伏見の儒者龍子明の撰になる碑文が刻まれている。

長右衛門妻・佳世

元禄六年（一六九三）、善根寺村の豪農である足立方昌の娘として生まれる。森家と足立家は長年の姻戚関係にあり、長右衛門の母も足立家の出であり、長右衛門と佳世は従兄弟であった。はじめ「冬」のち「佳世」と改名。五男三女を産み一男三女が早世する。重労働に満ちた家事と育児のかたわら、大勢の使用人を使った農業経営、庄屋としての多忙な責務、村の有力者としての広範囲な交際など長右衛門の生活のすべてを支えたのである。寛延元年（一七四八）九月没。享年五五歳。

長右衛門父道意

宝永ころから享保初め（一七〇四～一七一六）にかけて日下村庄屋を務めた。享保十七年春から血尿と発熱に苦しみ、同年七月没。

長男・文雄

正徳二年（一七一二）二月九日、日下村森長右衛門貞靖の長男として生まれる。勝二郎・新助・真蔵と改名。字は世傑、号は生駒山人・鳴鶴陳人・愚拙農夫・孔生駒。一一歳で大坂の商家野里屋四郎左衛門家へ養子に入る。野里屋は近世初頭から質屋年寄、糸割符仲間、大坂三郷南組惣年寄を務める名家であった。野里屋での暮らしは彼の本意ではなく、商売は性格に合わなかったようで、二一歳を迎えた享保十八年（一七三三）に養子を解消する。その後真蔵を名乗り、農業に従事しつつ、漢詩に傾倒する。生駒山人と号し、伏見の儒者龍子明の詩社「幽蘭社」に入り、同社の『金襴詩集』では自身の詩が巻頭を占める活躍をする。
延享二年、足立註蔵の娘くま（周と改名）と結婚。宝暦二年（一七五二）十二月、四〇歳で没。妻周との間に子供はなかった。自らの撰文による『生駒山人傳』は、死を覚悟した病床で自らの生涯と、文学への熱い想いを述べ、龍子明に託したもので、妻周と、京都の李景義が山人の死を悼む切々たる文を寄せている。来照山の墓には龍子明が撰した碑文が刻まれている。宝暦十年（一七六〇）龍子明によって『生駒山人詩集』七巻が編まれる。

文雄の妻・周
享保六年（一七二一）生。足立註蔵の娘くま。二四歳で山人と結婚、周と改名。子はなく、三一歳で山人と死別し、その後の森家を一人で守った。寛政五年（一七九三）二月二十四日没。享年七二歳。

次男・万四郎
享保二年（一七一七）生。没年は不詳。号は文禎・世祥。享保十八年（一七三三）平八と改名、のち幸八と改名。享保二十一年（一七三六）七月より十二月まで『平八日記』を執筆。寛延二年（一七四九）九月、三三歳で大坂の平野屋へ養子に入り、平野屋清助を名乗る。
山人没後三〇年が過ぎた天明二年（一七八二）、伏見の儒者龍子明が日下村の森家を訪れた時、森家は山人の妻周が一人で家を守るのみであったから、大坂から来て龍子明を迎えたのは、六五歳となっていたこの人物であった。その時の龍子明の紀行文『河内道之記』に、二人の山人を偲ぶ漢詩がある。清助は漢詩集『桃亭稿』を遺す。

三男・為二郎

生年不詳。号子彰。元文四年（一七三九）、十代で三番村安富家へ養子に入り伊織と改名。安富家は今出川公家菊亭家の代官を務めており、父の従弟である足立註蔵の異母弟彦七郎が養子に入っていた。延享二年（一七四五）二月十二日、「まそ」と婚礼、蔵人と改名。同年九月二十六日、弟の塩川六兵衛夫妻とともに森家で披露宴がある。

四男・佐市

享保十二年（一七二七）十月十二日生。号は士斎・文盈。年不詳ながら水走村庄屋塩川家へ養子に入り、寛保三年（一七四三）一六歳で元服し、塩川六兵衛を名乗る。延享二年四月十三日、一八歳で「しほ」と婚礼。同年七月朔日「しほ」懐妊の知せくる。同年九月二十六日、兄である安富伊織夫妻とともに森家で披露宴がある。しかしそれから二年もたたない延享四年（一七四七）三月二十四日、二〇歳で没。森家墓地の長右衛門貞靖の墓の左側に「鹽川六兵衛」と刻まれた小さな墓があり、裏面に生駒山人の手になる墓碑銘が刻まれている。

我弟名盈字士斎出嗣鹽川氏延享四年

三月廿四日卒年廿一兄雄為立石誌之

『生駒山人詩集巻五』に残される山人の弟を悼む漢詩には、「枕に留む延年の薬」とあり、病気で日下村に帰り、養生していたようで、長年の闘病であったことがうかがえる。あるいは結核のような病気であったかもしれない。

森家をめぐる人々

森長右衛門は享保時代、豪農、庄屋として、地域で中心的役割を果たした。その人脈は近郷の庄屋階級から、大坂町人、大坂町奉行所や蔵屋敷の武士に至るまで幅広いものがあった。森家と関わりの深い人々をあげておきたい。

河澄作兵衛家

享保時代の日下村は二庄屋制をとり、隣家の河澄家は森家と同じく代々相庄屋であった。河澄家は南北朝時代の応安二年（一三六九）からの過去帳を残す名家で、森家と並ぶ日下村の豪農であった。

家族（年齢は享保十二年〈一七二七〉）

作兵衛常正（宗範）　十三代当主　四六歳　元文四年（一七三九）五八歳卒

妻さの　三五歳　池島村庄屋富家清右衛門の娘　宝暦元年（一七五一）五九歳卒

娘秀　生年不詳　明和二年（一七六五）卒

父玄誓　六七歳　享保十四年（一七二九）六九歳卒

母妙誓　六六歳　元文二年（一七三七）七六歳卒

子供のうち男子三名は早世させており、娘「秀」に寝屋川の平池家から養子を迎えて十四代目を継がせている。明治には日下村戸長、昭和には日下村長を務めている。現在その屋敷は「旧河澄家」として市民に公開されている。屋敷の西側の奥座敷は「棲鶴楼」と名付けられ、寛永時代の領主曽我丹波守が晩年を過ごしたとされる。

足立註蔵家

日下村の北隣の善根寺村の豪農足立家は、戦国時代、尾張で織田信長に仕えた武士で、のち豊臣秀吉に仕え、大坂城普請の折に石垣普請を命じられた。生駒山から石を切り出し、その事業で財を成した。譜代の家臣団を率いて、善根寺村から生駒山中の龍間に至る広範囲の山地を開発し、財力を築いた。註蔵の時代は家運の最盛期で、複数の大名家への貸金があり、その財力は大坂にも鳴り響くものとなっていた。明治期に退転したが、中世の城郭を思わせる屋敷跡は今もなお、豊かに水を湛える周濠と深い森に守られている。さらに生駒山中の龍間から足立家の名のある傍示石が並んで発見されており、足立家の土地の境界を示すものと思われている。

家族（年齢は享保十二年）

当主註蔵　三七歳　宝暦三年（一七五三）六三歳卒
妻いさ　長右衛門妹　三〇歳　宝暦四年（一七五四）五七歳卒
註蔵父十右衛門方昌　六九歳　享保十四年（一七二九）七一歳卒
長男平五郎休為　一三歳　安永九年（一七八〇）六六歳卒
くま　六歳　生駒山人妻周　寛政五年（一七九三）七二歳卒
金七　三歳　足立方行　紫蓮尼の父　安永五年（一七七六）五二歳卒
嘉吉　二歳　早世
註蔵の異母弟丹二郎　年不詳　のち養子となり川崎屋四郎兵衛を名乗る

子供は一五人あり、そのうち九人を早世させている。足立家と森家とは長年の姻戚関係にあり、註蔵と長右衛門は従兄弟であった。その上に長右衛門の妻佳世は註蔵の妹であり、註蔵の妻いさは長右衛門の妹であったから二人は義兄弟でもあった。

中村四郎右衛門家

中村四郎右衛門家は豊浦村庄屋であり、領主の旗本小林田兵衛の地方代官を務めた。近江佐々木氏の一族で、江州愛智郡鯰江城主となり鯰江氏を名乗る。初代・鯰江高昌より四代後の唯正の時に豊浦へ移り住み、姓名を中村四郎右衛門と改めた。

中村家は唯正の孫正教の時、慶長十九年（一六一四）・元和元年（一六一五）の両度の大坂の陣に際して徳川家康の本陣となり、数々の拝領品を賜った。それらの品は、毎年家康の命日に公開され、その由緒によって近郷に知らぬものはない豪農であった。

中村家は豊かな財力を誇り、豊浦村隣村の旗本彦坂氏領分であった四条村・五条村では中村家からの借り入れによって御用銀を賄い、年貢銀納は直接中村家へ納めるという状況であった（『枚岡市史』本編）。日下村庄屋であった森長右衛門とは、正教の娘・亀が森家へ嫁いでいる関係で、姻戚関係にあった。享保十二年（一七二七）当時の当主は正教より四代後の正敏である（『枚岡市史』史料編）。中村四郎右衛門正敏は三七歳であった享保十三年（一七二八）四月、江戸へ下り、領主小林田兵衛から、四郎右衛門先祖の家康公への忠節の由緒により、持高から一〇石を永々免許するという免状を頂戴している。

日下村の概要

河内国河内郡日下村は、生駒西麓の山懐に抱かれた山里である。中央は日下本郷、北に池端郷、日下村の中央を南北に貫く東高野街道を越えて西に布市郷の二つの枝郷があった。森家や河澄家のある日下村の中央部で標高七〇メートル程度の高地にあり、灌漑用水を多くの溜池に頼り、主要作物は米・麦・大豆・粟・黍の他、商品作物としての綿・菜種・たばこが栽培されていた。

享保十一年（一七二六）村高七三五石、人口一一二四人（内男性五八七人、女性五三七人）

元文二年（一七三七）人口一〇四五人（内男性五四二人、女性五〇三人）、家数二四〇軒

内無高百姓一三七軒　（『東大阪市史資料』第六集三　１９７８）

日下村の庄屋としては森長右衛門貞靖と、隣家の河澄作兵衛常正の二人が務めていた。年寄としては、五兵衛・治助・治左衛門・与次兵衛がいた。村雇いの定使としては杢兵衛がおり、日下村では「小走《こばしり》」と呼ばれていた。他に狩人次郎兵衛が村雇いとして山の猪駆除に従事していた。

寺院は浄土宗の正法寺（明治に廃寺）と、禅宗の大龍寺の他、浄土真宗道場として東称揚寺と西称揚寺があった。日下村は木積宮（現石切神社）の氏子であったが、御所カ池の畔に寛永時代の領主曽我丹波守を祀った丹波神社がある。曽我丹波守は御所カ池の改修を幕府普請で行い、その善政により村人の尊敬を集め、水の神として祀られている。

日下村領主上野国沼田藩本多氏

日下村は宝永二年（一七〇五）に、譜代大名上野国沼田藩本多伯耆守正永の老中就任によりその役知となる。享保十二年の領主は二代後の本多豊前守正矩で幕府の奏者番を務めていた。本多氏は四万

石を領し、そのうち一万石が上方領分で、北は枚方の中宮から南河内の古市までの二〇ヶ村であった。

その支配は、大坂城の真南、上堺町にあった蔵屋敷で行われていた。『森家日記』から確認できる蔵屋敷役人として一一名が在勤していた。享保十二年暮には森喜右衛門が着任し、二〇ヶ村庄屋に日光社参のための御用銀を申付けている。おそらく本多氏の家老級の人物であったと思われる。

本多氏の蔵元は鴻池善兵衛であった。鴻池善兵衛家は、鴻池家始祖、新六の次男の善兵衛秀成が、元和二年（一六一六）に分家した家で、本家を継いだ善右衛門正成の兄の筋にあたる。他にも本多氏の銀主として、鴻池万右衛門・鴻池五平次・鴻池七兵衛・谷勘左衛門・天満屋小兵衛がいたことが確認できる。それはこれらの銀主からの借入金の手形に所領村々が請印していることでわかる。

用聞としては萬屋善兵衛がいたが、日下村においては、年貢はすべて在払いであり、触書の伝達は郷宿いせ屋が受け持ち、用聞萬屋と村方との接点は、奉行所からの差紙の伝達と、本多氏の検見への同行のみで、支配に関する業務はほとんどなかった。

☆本書における『森家日記』の原文、また、文書の引用には、難解なものは現代文に改めた。また文中に取り上げた事項内容で出典の断りがない場合は『森家日記』の記述である。
☆本書には歴史的差別を示す文言を使用しているが、近世の身分制の正しい理解と歴史認識のためであり、不当な差別を惹起するものではないことをご理解いただきたい。

一　都市大坂と庄屋

1　大坂の経済繁栄と河内

森長右衛門貞靖が庄屋として活躍した享保時代（一七一六〜三六）は、開幕以来、泰平の一〇〇年が過ぎ、元禄時代（一六八八〜一七〇四）に頂点に達した経済発展も停滞段階に入った時期であった。幕府財政の逼迫により、八代将軍吉宗は「享保の改革」を強行した。しかし天下の台所と言われ、全国経済を支えていた大坂においては、江戸中期の経世家海保青陵が、「大坂には金という産物あり」（宮本又次『大阪町人論』1959）と表現するように、幕府財政の困窮などどこ吹く風という活気溢れる経済活動が営まれていた。

河内の村に遺された文化二年（一八〇五）の史料（喜里川村中西家文書）に、大坂の繁栄を見事に表現した一節がある。

御当地の儀は諸国諸産物入津夥しく、あまねく諸人稼ぎ方多く、至って下賤の者共まで似合いの渡世これあり、誠に繁華の御地に存知奉り候

大坂に入津する蔵米や物産を扱う問屋をはじめ、諸藩に資金を融通し、藩財政の運営に手腕を発揮する両替商たちは巨利を得て、大坂の経済繁栄の頂点に君臨していた。そうした巨万の富を誇る豪商のみならず、暮らしかねて各地から大坂を目指した下賤の流入民さえもが、似合いの稼ぎ口を見つけて世を渡ることができる「誠に繁華の地」であったと、当時の人が言っているのだ。

中之島・堂島・土佐堀あたりに一〇〇を超える諸藩の蔵屋敷が立ち並び、藩と村落を結ぶ位置には

用聞がおり、領主支配の実務を受け持っていた。日下村庄屋森長右衛門は大坂の有力な用聞たちと親しい交流があった。そのうちの一人、扇屋三郎右衛門は、御三家筆頭の尾張藩の用聞であったが、彼から長右衛門は領主本多氏に納める御用銀を借り入れている。諸藩の村落支配の中枢に精通した用聞は、豊かな財力を背景に、河内村落の銀主の顔も持っていた。そうした様々な金の流れが河内経済を一層活性化させていた。大坂経済の活況に呑みこまれ、豊かさを謳歌していた享保時代の河内にあって、長右衛門たち河内百姓は大いにその恩恵に浴していた。

一方で、日下村の領主であった上野国沼田藩本多氏の城付所領である沼田の百姓たちは、領主の苛政に苦しみ、幾度も一揆や、越訴を企てながらも果たせず、食い詰めて江戸や近郷へ逃散していた。そのころ河内百姓は、綿や菜種等の商品作物と、その加工業で儲けた豊かな銀で買い入れた米を食べていた。森長右衛門家や善根寺村の足立註蔵家は、家族で有馬温泉に湯治に出かけ、日下山の豪勢な別荘で大坂町人や大坂の武士たちと度々宴会を開き、山海の珍味を楽しんでいた。

「金銀のことは大坂也、商売の筋のことは大坂也」(『大阪町人論』)と言われ、金という産物で武士という支配階級を圧倒する大坂町人は河内百姓にとって憧れの的であった。河内の豪農は盛んに大坂町人と縁組をした。経済活動に発した大坂と河内を結ぶ糸は、姻戚関係という太いパイプに成長し、さらに密接な人と文化の交流を生み出していた。

しかしこの十数年後、勘定奉行神尾若狭守の巡見が始まり、上方筋から西国の農民剰余を吸い上げんとする幕府の締め付けが及ぶことになる。まだそれを知らず、我が世の春の中にあった長右衛門たちは、まさにいい時代に生きたのだと言えよう。

河内の商業発展―余業稼ぎ

享保時代の河内は大坂という一大経済都市を背後に控え、商品作物生産とその加工業によって発展していたが、その商品作物の筆頭にあげられるのが綿である。宝永元年（一七〇四）の大和川付替え以後、干上がった池床や川床が新田として開発され、砂地に適した綿の栽培が飛躍的に増大した。河内で生産された綿は平野や久宝寺が集散地となり、繰綿や綛糸に加工され、反物となり、大坂から各地への出荷品の上位を占める商品となっていた。

特に生駒西麓地域は用水不足に悩む急勾配の山里であり、乾燥を好む綿の栽培に適していた。『森家日記』に半田《はんでん》という文言が登場するが、これは田の中央を一段高く盛り上げ、その部分に綿を植え、周りの低い部分に稲を植えるもので、掻揚田《かきあげだ》ともいわれた。肥料が効率良く行き渡る綿栽培の方法で、山根《やまんねき》と呼ばれた生駒西麓で盛んに行われていた。

日下村では享保期に三名の綿商人が確認できる（「長右衛門記録」京都大学）。綿商人喜兵衛が京都へ売り込みに行き、京都から綿商人が買付けに来ている。明治三年（一八七〇）の「余業人書上帳」（表1）では村内の綿商人が六名に増加している。綿作がもたらす収益は百姓にとって大きな恩恵であった。百姓は秋に収穫した綿を売り払って得た銀で、年貢銀納分を支払った。銀納値段は毎年の米値段に準じて決められたから、百姓は米の二、三倍にもなる綿の収益分が手元に残ることになる。

綿と並んで河内で大いに栄えたものが水車産業であった。生駒西麓の生駒七谷と言われた谷筋では急峻な谷川を利用した水車稼ぎが江戸時代初期から盛んに行われ、昭和に至るまで繁栄を続けた。善根寺村の車谷で水車業を営んでいた旧家で「大坂御城米御用」の木札が遺されており、大坂城米の精米を行っていたことがわかっている。

表１　河内郡余業稼ぎ明細

史料　日下村・額田村—「明治三年余業人書上帳」『枚岡市史』史料編
　　　善根寺村—向井家文書　慶応三年「餘業稼等御取調ニ付書上帳」

業種	日下村（本郷）（明治３）	善根寺村（慶応３）	額田村（明治3）
水車稼ぎ		8	
〃　油絞り	1		7
〃　針金			2
〃　薬種		3	3
〃　胡粉	2		1
大工・左官		2	6
杣・木挽	30	21	14
古手	7	6	14
古道具	15	14	24
綿商人	6	3	8
綿打	1	3	
米小売	3	2	3
酒小売	1	3	3
煮売		1	
呉服		1	
木綿染物	1	1	4
素麺		2	
石工	1	2	
牛博労	1	2	
馬持		2	
質屋	3		2
菜種屋	2		3
医師	1		4
八百屋	1		
果物屋			2
松原宿人足			3
仏師			1
菓子物			6
鍛冶屋			2
豆腐屋			1
宿屋			1
荒物屋			4
合計（人）	**76**	**76**	**118**
家数（軒）	146	90	157
割合（パーセント）	**52**	**84**	**75**

表1の「河内郡余業稼ぎ明細」によると、日下村で三名、善根寺村で一一名、額田村で一三名が水車稼ぎを行っているが、享保時代の日下谷では二輌（『中年免定』長右衛門記録）、善根寺村の車谷では八輌（『向井家文書』日下古文書研究会　２０１１）が水車運上銀を納めており、絞油・薬種・針金・胡粉の生産を行っている。

河内では冬作として麦とともに菜種作りも盛んで、水車で菜種油に加工していた。日下村では油屋十兵衛と油屋五右衛門の二名が近郷で生産された菜種や、水車で絞られた油を買いつける油商人として登場する。菜種油は大坂から全国へ移出される商品のトップに上る商品である。

日下村の車屋源七は水車で胡粉を製造していた。播磨あたりから大坂へ運ばれる牡蠣殻を仕入れ、水車で砕いて良質の顔料である胡粉を製造し、京都・大坂へ売り捌いている。彼は常に手元に豊富な銀を持っていたらしく、長右衛門は村の支払いで、急にまとまった銀が必要になる場合には、源七から借りている。源七は近世後期には日下村の庄屋として登場する。森長右衛門や相庄屋の河澄作兵衛にみられる、中世以来の大地主層が庄屋を務める時代から、水車業のような商工業で富裕層にのし上ったものが、村落指導者となる時代へと転換するのであるが、享保時代はその過渡期であった。

表1によると、日下村では七六人で五二《パーセント》、善根寺村では七六人で実に八四《パーセント》、額田村でも一一八人で七五《パーセント》の村人が余業稼ぎ人であった。いずれも幕末と明治の史料であるが、この状況は近世を通じて河内農村でそれほど変わらないものであったと思われる。これは農業だけでは暮らしていけないという理由からではなく、より良い暮らしのための兼業であった。この河内の状況は都市大坂に隣接することで生み出されたものであった。この表の善根寺村の史料「餘業稼等御取調ニ付書上帳」によると、それぞれの業種が大坂の株仲間に参加している。綿商人は木綿株仲間、古手商は惣年寄、大

工・木挽は御大工頭、牛博労は天王寺牛支配所から鑑札を受け、運上銀を納めている。

大坂の経済流通機構に組み込まれていたから、河内百姓はこうした多様な職業に就くことができたのである。日下村ではこうした余業稼ぎのために、米を生産せず、儲けた銀で飯米を買い入れる百姓が多くいた。買い入れた米で年貢を納める買納米も盛んに行われた。この村内での米需要のために、毎年のように村人からの要求で、郷蔵に納めた年貢米を蔵屋敷で落札し、村で買い受けている。

享保十二年（一七二七）度は日下村が年貢米一〇〇石を村買にしている。しかもその代銀をわずか三日で村人から集めて本多氏の掛屋である米屋平吉へ納めている。享保十三年（一七二八）四月二十三日には、前年の蔵残米が一三石あり、これを村買いにし、八名の村人に分けているが、この時も値段が五分や三分高くなっても買い受けたい旨を蔵屋敷役人に申し出ている。また毎年蔵屋敷から、御留守居役はじめ役人五人の扶持米のうち、五〇石程度を日下村で買い取るように指示があるが、それも村買いにし、村人に分けている。米を作る百姓が年貢米をはじめ蔵屋敷役人の扶持米まで買い入れるという、この米需要の高さが、河内における商工業の発展を如実に物語る。繁栄する大坂において、商業発展が商人の富を蓄積するその傍で、勤勉さと才覚さえ持ち合わせていれば、河内百姓もその恩恵にあずかったのだ。

一方で、藩の財政困窮にあえぐ本多氏蔵屋敷御留守居役たちは両替商に頭を下げ、金を引き出すのに必死であった。大坂は何よりも「金の力がものを言う」世界であった。天下の経済を一手に握っていた大坂町人は、幕府の権威は建前にしか過ぎず、ものを言うのは経済力だということを骨身にしみて知っていた。支配階級である武士に頭を下げさせることのできる大坂町人の姿こそ、河内百姓の憧れであった。だからこそ河内百姓は大坂町人と盛んに縁組をして、大坂での成功を目指したのだ。

公儀には常に貧しさを言い立てながら、長右衛門たち河内百姓は、大坂経済の最先端の洗礼を受け、常にしたたかな触手を伸ばしていた。商品作物生産も、大坂の株仲間に加入しての多彩な兼業も、その結果であり、河内百姓が時代の趨勢を読み取り、新しい経済の潮流に乗り切ることによって、確かな果実を手にしていたことの証である。

森家の財力

日下村庄屋森長右衛門は、享保十三年度の下作米だけで一三三石の収入があった。その上に一〇名あまりの奉公人を使った自作農経営があり、年間の飯米と年貢米を差し引いても八〇石程度は余る（拙著『日下村の江戸時代』２０１３）。森家の余剰米は大坂町人はじめ、村内外の非農業生産者や米屋へ売り払われ、享保期の畿内の高い米需要が吸収していった。

森家の消費生活に目を向けると、その裕福さは際立っている。生活用品は大坂町人から買い入れるが、特に書物が多かった。森家の蔵書目録（「長右衛門記録」）によると、漢籍はじめ実学の書が一二三部上げられており、冊数にすると七〇〇冊近いと思われる。享保十二年には『和漢三才図会』八〇巻を銀一二〇匁で買い入れ、この年に買い取った本は九部、支払代銀は計一六〇匁二分に上った。この金額は男性の奉公人の年間給銀を上回るものである。享保十五年（一七三〇）に将軍吉宗の指示で医薬の解説書『普救類方』が売りに出された折には、早速銀九匁八分で買い入れている。当時高価であった木版本を大量に所蔵することは、村の文化教育の発展に寄与するための村落指導者としての使命感からであったが、森家の財力をも示唆する。

森家には寛永のころの領主であった大坂西町奉行曽我丹波守古佑が作らせた「鳴鶴園」という豪壮

な庭園があり、それは大坂でも有名であったから常に見物人がやって来る。特に春は野崎参りがあり、その帰りに船で南へ下り、日下村の森家の庭園見物というのがお決まりのコースになっていた。享保十四年（一七二九）春に森家の庭園見物に来た客は大坂の武士や町人、近郷庄屋など五〇名である（巻末表3）。勿論、入園料など取っていないどころか、そのすべてに酒と料理を振舞っている。

しかも森家には常に大勢の滞在者がおり、享保十四年の一年間に森家に逗留した人数は六〇名である（巻末表4―1）。頻繁に長期滞在する人物も一〇名いる（巻末表4―2）。そのうち野里屋勝二郎は養子に入っていた長右衛門の長男であり、豊浦妙清・早野権三郎・さかい屋平兵衛は親戚である。江ノ子嶋空楽寺の隠居了空は碁の師匠であったらしく、農閑期にやって来ては、長期の逗留中ひたすら長右衛門と碁を打ち、村人の碁好きがやって来て指南を受けている。

近藤元昭という人物はまるで家族のごとく年中森家に滞在する。森家滞在中は常に長右衛門と囲碁を楽しみ、善根寺村の足立註蔵宅や村々の神事にも出かける。彼は京都の猪熊三条に自宅を持ち、森家に滞在しながら、京都・大坂・南都を頻繁に往復する（巻末表4―3）。享保十二年（一七二七）八月十三日条で彼は、「在所の綿繰屋が大坂の業者から綿繰を差し止められたが、訴訟の結果綿繰が認められた」という情報を長右衛門に物語っていることから、河内では綿取引にかかわっていたと思われる。彼は野里屋にも出入し、長右衛門長男勝二郎が享保十三年（一七二八）に疱瘡にかかった際には、野里屋で勝二郎の枕辺に付きっ切りで看病している。野里屋は大坂南組惣年寄で、近世初頭には糸割符仲間でもあり、元昭と野里屋の関係は絹取引関連と考えられる。

元昭は河内では綿、大坂では絹、南都では奈良上布を買い付けて京都で売り捌く商人であったと思われる。こうした広範囲に活躍する商人たちとも森家は密接に繋がり、彼らにとって財力のある森家は都合のいい無料下宿屋であった。

善根寺村足立家

善根寺村豪農足立家は森家と長年の姻戚関係にあり、森家にまさる財力を誇る家柄であった。足立家は戦国期、尾張国で織田信長に仕える武士であった。その後京都で豊臣秀吉に仕え、大坂城築城の際に石垣普請を命じられた。河内国の善根寺村へ移り、生駒山から石を切り出し大坂へ運んだ。譜代の家臣団を率いて石垣普請事業と、善根寺村から生駒山中の龍間に至る広大な土地の開発によって財力を蓄えた。

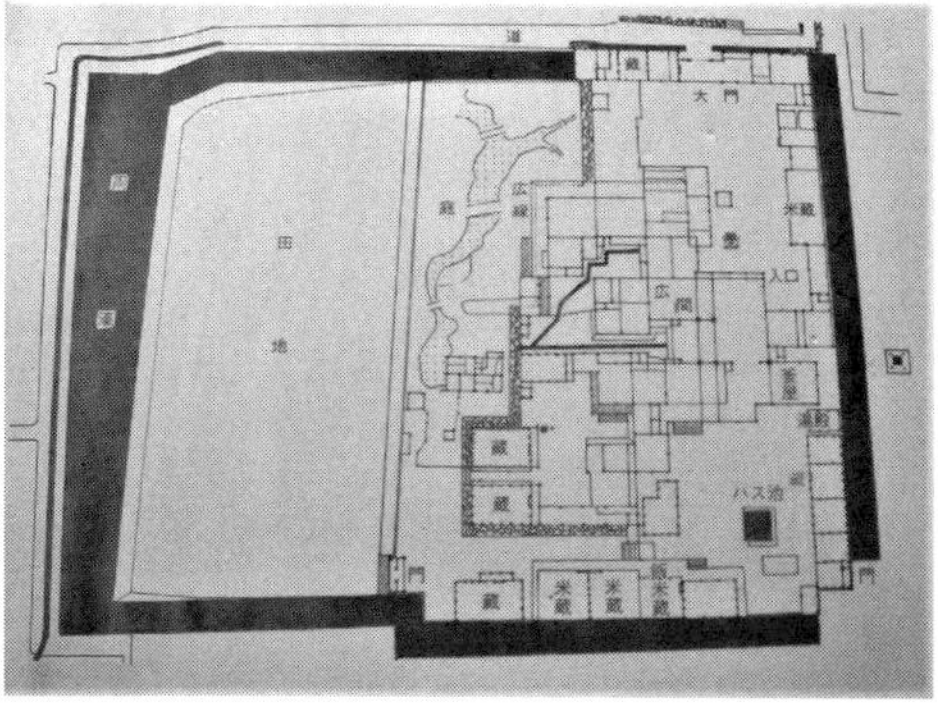

足立家屋敷図（東大阪市教育委員会）

足立家屋敷跡

寛文年間（一六六一～七三）には恩知川畔の味岡新田を手に入れ、開発している。享保時代は足立家の最盛期であり、近郷に鳴り響く豪農となっていた。足立家の当主註蔵と長右衛門は従兄弟同士で、お互いの妹を妻としていた。

足立家の延宝八年（一六八〇）の屋敷図を見ると、石垣を積んだ周濠をめぐらせた九四〇〇平方メートルを超える広大な敷地に、庭園を囲むように、蔵だけで大小一二棟を有する豪壮なものである。そのうち米蔵は四棟ある。足立家の持高は、寛保二年（一七四二）に一六九石、別高として一八〇石とある（「寛保二年人別帳」『向井家文書』）。別高とは大名貸しをしていた大名家からの扶持米である。足立家は複数の大名家へ貸金をしていた。日下村の領主本多氏へは銀二〇貫あり、毎年暮に本多氏役人から、利息と歳暮の真綿を長右衛門がことづかって足立家に届けている。飯野藩保科家への貸金は銀三六〇貫という巨額に上がっていた（『小西新右衛門文書』伊丹市立博物館　１９９５）。別高一八〇石のうち、一五〇石は保科氏からの扶持米であった。

　享保十四年（一七二九）五月十三日条で、土佐藩用聞早野権三郎の案内で、土佐藩御留主居役大須賀定右衛門とその子息はじめ、土佐藩役人と取巻きの大坂町人など、総勢十数人が足立家で宴会を開き、長右衛門も同席している。これは足立家による土佐藩役人への御振舞であり、足立家の土佐藩への大名貸しを示唆している。その貸金額は不明であるが、別高一八〇石のうちの、保科氏からの一五〇石の残り三〇石は、土佐藩からの扶持米と考えられる。

　その発端となったものが次の事実である。大坂城の土佐藩の普請場の石垣に、足立家の輪違いの家紋や、「日下」「くさか」と刻印された石が発見されており、これらは足立家が石垣普請を命じられた際に土佐藩に納めたものである。この時の土佐藩との関係が、その後の足立家の土佐藩への大名貸しに繋がっていったものと思われる。土佐藩用聞早野権三郎は、足立註蔵の父方昌の妹の蝶が、権三郎の父三郎兵衛に嫁いでおり（『枚岡市史』史料編　枚岡市　１９６６）、足立家と姻戚であった。

　河内の豪農と大名貸しについては、日下村から三キロほど南の喜里川村の庄屋中西宗兵衛の手になる『中西家日記』（日下古文書研究会　２０１５）によれば、安政年間（一八五四～六〇）に中西家と宮

郵 便 は が き

料金受取人払郵便

大阪北局
承　　認

2424

差出有効期間
2021 年 12 月
1 日まで
（切手不要）

553-8790

018

大阪市福島区海老江5-2-2-710

㈱風詠社

愛読者カード係 行

ふりがな お名前			明治　大正 昭和　平成　　年生　　歳	
ふりがな ご住所	□□□-□□□□		性別 男・女	
お電話 番　号		ご職業		
E-mail				
書　名				
お買上 書　店	都道　府県　　市区　郡	書店名	書店	
		ご購入日	年　　月　　日	

本書をお買い求めになった動機は？

1. 書店店頭で見て　　2. インターネット書店で見て
3. 知人にすすめられて　　4. ホームページを見て
5. 広告、記事（新聞、雑誌、ポスター等）を見て（新聞、雑誌名　　　　　）

風詠社の本をお買い求めいただき誠にありがとうございます。
この愛読者カードは小社出版の企画等に役立たせていただきます。

本書についてのご意見、ご感想をお聞かせください。 ①内容について	
②カバー、タイトル、帯について	
弊社、及び弊社刊行物に対するご意見、ご感想をお聞かせください。	
最近読んでおもしろかった本やこれから読んでみたい本をお教えください。	
ご購読雑誌(複数可)	ご購読新聞 新聞

ご協力ありがとうございました。

※お客様の個人情報は、小社からの連絡のみに使用します。社外に提供することは一切ありません。

津藩本庄氏が大名貸しで繋がっていたことがわかる。金額は不明ながら中西宗兵衛は、大坂の宮津藩用聞である紀伊国屋を度々訪れ、宮津藩主が大坂城代として赴任した折には親しく御目見えしている。

元文元年（一七三六）五月には、日下村の代官平岡彦兵衛から足立註蔵に資金融通依頼がある。平岡彦兵衛は九万石の代官であったが、和州預かり所に、享保十七年（一七三二）の年貢未納が銀一八〇貫あり、これが完納にならなければ代官罷免という切迫した事態にあった。平岡代官は和州へ催促に赴くものの、巨額の年貢完納は困難を極め、とりあえず五〇貫を足立家から借り受けて納めたいという意向である。この結末は明らかではないが、いかに足立家の財力が近郷に鳴り響いていたかということである。平岡彦兵衛が河内巡見の折には足立家へ逗留し、トヘイという日下山の足立家別荘で宴会を催している。この時、善根寺村は平岡彦兵衛代官ではなく、鈴木小右衛門代官支配であったにもかかわらず、足立家での滞在と接待が慣習となっていたのである。

足立註蔵は大津代官鈴木小右衛門はじめ、大坂東町奉行稲葉淡路守や大坂城代松平伊豆守などと親しく御目見えしている。延享二年（一七四五）の神尾若狭守巡見の際には、足立家に神尾若狭守はじめ、四七名の武士が逗留している（「神尾若狭守巡見宿泊明細」『向井家文書』）。この幕府高官との密接な関係は、享保時代の足立家の、武士社会での知名度の高さを示している。近世初頭からの婚姻を通じた大坂町人との繋がりも幅広く、それらのすべてが長右衛門の人脈と重なっていた。

2　大坂町人と河内の庄屋

河内の村方文書や、庄屋日記等の解読に携わっていると、河内の豪農や庄屋が、大坂町人と実に密接な関係を築いていることが見えてくる。支配関係や経済的な繋がりばかりでなく、姻戚関係にあることが多く、それが近世初頭のころからで、江戸時代を通じて代々親戚付き合いをしている。大坂の天王寺屋乾弥兵衛という商家を取り上げて、そのことを如実に示す事実を紹介しよう。

『森家日記』では森長右衛門と天王寺屋乾弥兵衛との親密な交流が描かれている。この関係は、長右衛門の従兄弟の足立註蔵の父方昌の姉「かな」が、天王寺屋乾弥兵衛に嫁いで以来の姻戚であった。享保のころの天王寺屋は紙問屋であった。長右衛門は天王寺屋から村用の紙を買い入れている。

前述の喜里川村『中西家日記』では、同じ天王寺屋乾弥兵衛に、中西宗兵衛の姉が嫁いでおり、頻繁に行き来がある。これが安政年間（一八五四〜六〇）のことで『森家日記』よりも一三〇年も後のことになる。このころには天王寺屋は質屋を営んでおり、経営不振となり、店を閉めているがその折には、子供を引き取って養育するなど宗兵衛も支援している。近世を通じて天王寺屋が河内の豪農と盛んに縁組をしていることがわかる。

喜里川村　中西家

また『中西家日記』に興味ある出来事がある。安政三年（一八五六）八月十四日、中西家の奉公人が、主人の宗兵衛から天王寺屋への書状の入った文箱を預かり大坂へ出たが、その途中で文箱を落とし紛失するという事件が起こる。ところが、九月五日になって、紀伊国屋という大坂町人から紛失した文箱が中西家に届けられる。紀伊国屋は宮津藩本庄氏の用聞を務めており、中西家は本庄氏に大名貸をしていたので紀伊国屋とは入魂の間柄であった。中西家の家紋と署名のある文箱を拾った人が、おそらく中西家と紀伊国屋との関係を知っていて、紀伊国屋へ届けておけば中西家へ戻されると考えたのであろう。中西宗兵衛は、「不思議なこと」と記している。この事実は、河内の庄屋が大名貸を通じて大坂の用聞と密接な関係にあったこと、そしてその関係は大坂の町でも知る人ぞ知る事実であったということを示している。『森家日記』からも、河内の庄屋と大坂町人との関係がいかに不可分なものになっていたか、その環境において、河内の庄屋がどのような能力を獲得し、都市大坂でどのような地位を築いていたかを知ることができる。

長右衛門の大坂における人脈

河内の庄屋は大坂町人と広範囲な交流があった。長右衛門と大坂町人や武士との人脈は、その財力と大名貸によって大坂の武士社会に名の知られた足立家の人脈とも重なり、幅広いものになっていた。その交流は大坂の武士で四五名（巻末表5）、大坂町人では六一名（巻末表6）である。表5の大坂の武士のうち14から17までの、本多与五平次・与八郎の親子、朝比奈逸八郎、伊藤清左衛門の四名は、森家に年頭礼に訪れる町奉行所与力・同心である。長右衛門はこれらの武士は勿論、その他の町奉行所役人にも年頭礼を務めている。

特に玉造与力であった本多与五平次は、庭木栽培の趣味で長右衛門とは入魂の間柄であり、その関係は、かつて庄屋を務めた長右衛門父道意の時代からであろうと思われる。本多与五平次は、享保十八年（一七三三）に長右衛門長男勝二郎が野里屋を離縁する際に、日下村の森家を訪れて勝二郎の説得にあたっている。大坂町奉行所の与力がわざわざ日下村まで出向くことは、森家との並々ならぬ繋がりを感じさせる。

大坂町人のうち、森家と親戚と思われるものは九家ある（表6の1から9太字）。1の野里屋四郎左衛門は大坂南組惣年寄で長右衛門長男勝二郎の養子先、4の早野権三郎は土佐藩用聞、7の小橋屋宇兵衛は尼崎藩用聞、8の扇屋三郎右衛門は尾張藩と越前藩の用聞と、いずれも有力商人であった。

長右衛門と、この有力な大坂町人との関係が妙清尼という、豊浦村に住まいしていた女性の縁に繋がることが『森家日記』からうかがえる。森家の系譜は史料がなく、この女性の素性も不明であるが、森家での神事や報恩講の折には、森家から駕籠で迎えに行き、長逗留していることから、森家の親族であったと思われる。彼女が享保二十年（一七三五）五月三日に八五歳で亡くなった時には、大坂の野里屋・小橋屋・帯屋が駆けつけ、森家は喪に服していることから、この女性が森家から出て、右の三商家のうちのどちらかへ嫁ぎ、その子供が他の二商家に養子に入るか、嫁いでいる可能性が大である。一人の女性が繋いだ大坂との縁がさらに姻戚関係を広めていったのである。

長右衛門の子息たちは、近郷の庄屋階級や大坂町人へ養子に入っていた。長右衛門の長男勝二郎は大坂南組惣年寄である野里屋四郎左衛門家へ、次男万四郎は大坂商人平野屋へ、三男為治郎は三番村安富家へ、四男佐市は水走村庄屋塩川家へ養子となっていた。長右衛門の従兄弟である足立註蔵の異母弟の丹二郎は、諸国炭問屋である川崎屋四郎兵衛の養子となる。大坂町人となった彼らは頻繁に河内の実家に帰り大坂の様々な情報をもたらし、未婚の兄弟を大坂へ縁組させるために奔走する。近世初頭以来、足立家の女子はほとんどが大坂の有力町人へ嫁ぎ、この婚姻関係が足立家と森家の幅広い人脈を形成していた。

河内の庄屋階級は都市大坂から郷土の発展に利するための最先端の情報知識を獲得した。野里屋へ養子に入った長右衛門の長男勝二郎は、享保十四年（一七二九）に一七歳で野里屋の嫡子が継ぐ若名である新助を名乗り、惣年寄名代を仰せつかる。彼は大坂町奉行所に出仕し、町奉行所に届く各地の情報、奉行所役人の交代などを父長右衛門に知らせてくる。

長男勝二郎の野里屋への養子は、将来大坂の惣年寄としての出世を期待したものであったが、勝二郎は商売が性格にあわなかったか、二一歳となった享保十八年（一七三三）に野里屋を離縁する。この離縁問題に関して説得工作で登場する人物は、帯屋又兵衛・小橋屋宇兵衛・扇屋三郎右衛門・平野屋清閑・いせ屋弥右衛門の大坂町人五名と、前述の大坂町奉行所与力の本多与五平次である。帯屋は紙問屋であり、先述のように小橋屋宇兵衛、扇屋三郎右衛門はいずれも大名の用聞であり、平野家清閑はのち長右衛門次男万四郎が養子に入る商家であり、いせ屋は本多氏二〇ヶ村の郷宿であった。

最終的には日下村の三キロ南にある豊浦村庄屋で領主の代官を兼ねる、中村四郎右衛門の隠居の教雲老が、勝二郎の意思を確認し、野里屋との間で養子解消の円満な解決に労をとる。中村家は近世初頭の婚姻により森家とも姻戚であったが、勝二郎不縁の最終交渉を行うということは、野里屋と中村家との深い関係を示している。あるいは中村教雲こそが、勝二郎の野里屋への養子を実現させた立役者であったかもしれない。

この有力商人との密接な関係が長右衛門に広範囲な情報をもたらす。享保十四年九月には扇屋三郎右衛門が、用聞を務めていた大名の領国である尾張と越前へ出張し、長右衛門にその土産話をしている。尾張藩は御三家筆頭であり、越前は御家門筆頭の越前松平家である。これほどの大大名の用聞を務めるということは、それだけの力量と財力を必要としたはずで、彼らとの交流は長右衛門にとっても非常に大きな恩恵をもたらした。

長右衛門は大坂南組惣年寄や町奉行所与力といった大坂三郷の行政の中枢を担う人物から、幕府の動向や大坂の都市行政の実情を、有力な用聞、大名出入商人からは、大名領国の社会経済情勢を、大坂商人となった息子たちからは、大坂経済の最先端の情報を入手した。それは長右衛門の視野を多角的なものにし、正確な情報分析能力を養うこととなった。

河内の庄屋の人脈を利用する大坂町人・武士

長右衛門の町奉行所役人との広範囲な人脈は大坂でも知られたことであったから、大坂町人や武士から口利きを頼まれることも多かった。享保十三年（一七二八）三月、長右衛門と、玉造与力の本多与五平次との親密な関係を知っていた本多氏蔵屋敷役人が、飯尾善六という人物の町奉行所立入町人への推挙を、本多与五平次に口利きするように長右衛門に依頼してくる。立入町人とは、奉行所内での様々な物品の調達を受け持つ職務である。この口利きはうまくいったようで、長右衛門は蔵屋敷御留守居役吉田助左衛門から「大儀であった」と礼をいわれている。飯尾善六から蔵屋敷役人へかなりの金銭が渡ったはずである。奉行所立入町人とは、それを補って余りある地位であった。都市大坂と密接な関係を築いていた長右衛門が、豊かな財力と幅広い人脈、さらに確かな力量を持つ人物として、大坂でも一目置かれる存在であったことは想像にかたくない。

享保十四年（一七二九）閏九月から十月にかけて、長右衛門は大坂井戸掘久五郎の跡目相続について、林与助に首尾良く認められるように依頼してほしいという願いを塩川只右衛門へ手紙で取り次いでいる。林与助は大坂城内出入町人を管轄する町奉行所同心であった（『享保十三申開板・浪花袖鑑』大阪市史編纂所　１９９９）。

塩川只右衛門は水走村庄屋であり、町奉行所同心林与助と親密な交流があり、井戸掘久五郎は長右衛門と塩川只右衛門の交流を知っていたから、長右衛門に取り次ぎを依頼してきたのである。町奉行所同心と、河内の庄屋の密接な関係は、大坂町人にとっても頼りになるものであった。

長右衛門に限らず、河内の庄屋・豪農は大坂町人や武士と、姻戚関係や、庄屋という職務を通じて、あるいは商取引を通じて繋がっていた。長右衛門は与力本多与五平次と、豊浦村庄屋中村教雲は大坂南組惣年寄の野里屋と、水走村庄屋塩川只右衛門は同心林与助と、いずれも親密な関係にあった。

他領での例としては、河内国高安郡の淀藩大庄屋である大東家をあげることができる。大東家の『河内国高安郡淀領郡村役用留』（八尾市立歴史民俗資料館友の会　２００６）によると、安永九年（一七八〇）七月、淀藩は大坂町奉行所貸付銀について、山村与助に聞合うように大東長右衛門に依頼してくる。大坂三町人の一人で、大工支配を兼ねた山村与助と、淀藩大庄屋の大東家は姻戚関係にあり、財政窮乏にあえぐ領主淀藩稲葉氏にとって、その人脈での斡旋は頼りになるものであった。大東家の大坂町人との幅広い人脈に依存することで淀藩は財政の窮地を脱しようとしたのである。

河内の豪農であった有力庄屋たちは一様に大坂の武士社会や町人社会と広範囲に繋がり、その人脈は、大坂町人はもとより、領主の武士にとっても大いに利用に値するものとなっていた。

長右衛門の力量

享保十四年に、小橋屋宇兵衛と柴屋三郎兵衛との間の何らかの問題を長右衛門が仲介している。同年二月十九日、長右衛門は用聞小橋屋宇兵衛の依頼で柴屋三郎兵衛と対談し、その後、惣年寄の野里屋へも立ち寄り相談している。三月二日にも小橋屋宇兵衛と柴屋三郎兵衛の三人で対談し、三月八日には小橋屋が、長右衛門の世話で柴屋との問題が埒明したことを報告してくる。柴屋三郎兵衛は、小出主計・増田太兵衛など六名の旗本の用聞を務めている（『享保十三申開板・浪花袖鑑』）。出入仲介が本業である用聞同士の問題を仲介するということが、長右衛門という人物の高い力量を示している。

本多氏蔵屋敷や町奉行所から日下村長右衛門に村落出入りの仲介依頼が来ることが多かった。それは長右衛門が豪農としても庄屋としても、近郷で一目置かれる人物であったからである。河内の庄屋の経験と政治力は、蔵屋敷や奉行所の武士にとって依存するに足るものであった。

3　領主代官としての庄屋

河内の豪農たちは、領主の代官としても活躍している。中村四郎右衛門は豊浦村の庄屋であり、領主である旗本小林田兵衛の地方代官を務めていた。中村家系図「佐々木鯰江家系」（『枚岡市史』史料編）によると、中村家は近江佐々木氏の一族で、江州愛智郡鯰江城主の鯰江氏の子孫で、鯰江高昌より四代後の唯正の時に豊浦村へ移り住み、姓名を中村四郎右衛門と改めた。小林田兵衛は徳川家康の家臣として、大坂の陣の時の功績により、豊浦領六〇〇石を拝領するが、かつて戦国時代に江州に勢力を有していた中村家は、小林田兵衛とも親交があったため、その縁によってこの地の代官を委ねられたのである。

その他にも、若江郡下小阪村の庄屋山澤次郎右衛門は、旗本石丸虎二郎の代官を務め（『大坂便用録』正木屋利兵衛　１８３９）、水走村の庄屋塩川只右衛門は、旗本曽我氏の代官を務めている（「塩川家文書」）。河内の庄屋が、領主の代官を務めることによって、いかに高い行政能力を兼ね備えた存在であったかということを示している。

長右衛門たち河内の豪農たちは、大坂という経済都市と深くかかわり、幅広い人脈と多様な経験によって、高い力量と政治力を獲得し、単なる百姓身分を越える存在となっていた。時には代官という役職によって武士身分として行動しつつ、実質的には、大坂の武士社会や町人社会と並び立つ地位に上り詰めていたのだと言えよう。

大正時代の中村家屋敷　前は壕
熊田葦城『大阪陣　後編』1913

豊浦村中村家屋敷跡現況
中村家は大坂夏の陣の際に家康が宿陣したことで有名な旧家であるが、明治に断絶した

二　領主と庄屋

1　日下村領主本多氏

日下村領主である上野国沼田藩本多氏は幕府の奏者番を務める譜代大名で四万石を領していた。そのうち一万石は役知として与えられた上方領分で、北は交野郡の招提・中宮から、生駒山・高安山西麓に沿って、南河内の古市郡の古市・西浦までの二〇ヶ村であった（表2・図1）。その支配は、大坂城の真南、上堺町にあった蔵屋敷で行われていた。蔵屋敷役人として一一名、他に中間・足軽などの武家奉公人が六名いたことが確認できる。

この本多氏の領民支配のあり方を探ることで、河内の経済的豊かさと、沼田藩の城付所領での経済困窮が明らかになる。そこから、支配者である武士が、大坂町人や河内の豪農が手にしていた財力から見放されていたという状況が浮かび上がる。それは近世の身分制の実情というものが、いかに実質の伴わないものであったかを示している。さらに、沼田藩の領国経営の無能さと、それとは対照的な河内の庄屋の地域運営能力の高さというものをも教えてくれそうである。

本多氏蔵屋敷役人と庄屋

畿内役知の領主権は単なる年貢徴収権に近いものであり（安岡重明「畿内における封建制の構造」『日本封建経済政策史論―経済統制と幕藩体制』１９５９）、村運営のあらゆる面で庄屋の手腕が発揮された。領主が年貢徴収にのみ心を注ぐ下にあって、庄屋は百姓の暮らしの成り立ちに心を砕いた。

支配者と領民との間の緩衝地帯ともいうべきその存在に依存することで、領主は憂いなく支配を貫徹することができたのである。

本多氏の蔵屋敷役人は河内所領の庄屋と密接な交流を持ち、特にその財力に依存していた。日下村では、毎年五〇石ほどの蔵屋敷役人の扶持米を村買いにし、蔵屋敷の飯米を下し、暮には正月の門松を送る。毎年の節句・年中行事の際の、河内所領二〇ヶ村から蔵屋敷への祝儀贈答は、「二〇ヶ村郷割明細」(「長右衛門記録」)によると、享保十二年(一七二七)に一三七匁、同十三年(一七二八)には二九四匁が計上されている。祝儀は村からも別に渡される。長右衛門は享保十三年末の歳暮の際に役人への祝儀だけで銀六〇匁使っている。大坂蔵屋敷の本多氏役人は、藩の経済困窮を背負っていた国許沼田の役人たちよりも、はるかに実入りは良かったはずである。

森家の名庭園鳴鶴園は大坂でも有名であったから、蔵屋敷役人や家族が野崎参りの折には船で日下村まで下り、森家の庭園見物に立寄ることが常であった。長右衛門は彼らを酒肴でもてなしている。享保十四年(一七二九)三月二十四日に蔵屋敷役人三名が、取り巻きの町人数人と野崎観音を参詣した折には、日下村の船頭が大坂へ迎えに行き、野崎参りへ案内の後、森家屋敷で接待し、船で大坂へ送り届け、また大坂の料亭で酒宴を催している。いずれも長右衛門の財力を見込んで賂を受けるのだ。

この蔵屋敷役人への贈賄は当然見返りを期待したもので、長右衛門は毎年蔵屋敷役人の松本儀太夫に、年末の支払いのために必要な銭一貫目の調達を依頼する。松本儀太夫の背後にはしかるべき銀主がいて、その間を仲介したということであろう。

さらに興味深い事柄がある。享保十四年十一月朔日条に、「当引方之様子密ニ承候故、隠密ニ致勘定候」とあり、長右衛門は検見のあと、年貢免定を頂戴する前に、その年の課税分から差し引きする数字を知らされているのだ。それは情報を得て早い時期に免割帳を作成することができる。庄屋の手数をはぶくという意味では、村方への恩恵であるが、蔵屋敷役人にとっては表向きにはできない配慮であり、「隠密に」という文言がそのへんの事情を示唆する。

この蔵屋敷役人の村方への接近は、度重なる贈賄へのお返しである。河内の庄屋と領主役人との間には、お互いの要求を知り抜いた末の合理的な相互扶助関係が築かれていた。蔵屋敷役人は事あるごとに庄屋を呼び出し、村落出入の仲介人として指名し、様々な依頼事をし、賂を受けるのだ。

河内の庄屋は大坂経済の恩恵を受けて、財力においても武士階級を圧倒していた。常に蔵屋敷で平身低頭する長右衛門の方が、国許の財政苦難を背負っていた本多氏蔵屋敷役人よりも、懐が豊かであったことは誰の目にも明らかであった。

大坂ではその経済的地位の高さによって、武士階級の地位が実質的なものとなり得ず、支配が錯綜するという事情により領主権力が一円的な封建的強権たり得ず、その中で長右衛門たちは武士階級の本質を知り抜き、賄賂や接待で慰撫し、支配者との関係を実質的に「持ちつ持たれつ」という対等なものへ押し上げることに成功していた。

2　検見巡見

検見とは領主役人がその年の収穫状況を調査することである。これによってその年の年貢率が決定される。いわば領主と領民の関係の中でも最も重要な行事であった。毎年秋になると、本多氏役人が、北の招提村をかわきりに、古市村までの二〇ヶ村の河内領分の検見に廻る。

表２　本多氏領石高明細

宝永２年～享保15年までの所領明細
史料『寛政重修諸家譜』十一巻694・『江戸幕藩大名家事典上巻』

国	石高
城地沼田・上野国利根・吾妻	２万石
下総国葛飾・相馬42ヶ村	１万石
河内20ヶ村（明細下表）	１万石
計	**４万石**

	村名	郡名	石高（石）
1	招提	交野	1,186.19
2	中宮	交野	1,018.98
3	寺	交野	312.7
4	私市	交野	150.237
5	寝屋	交野	536.067
6	太秦	讃良	100
7	高宮	讃良	623.9
8	北条	讃良	407.583
9	日下	河内	735.383
10	芝	河内	193.503
11	植付	河内	280.753
12	額田	河内	849.474
13	出雲井	河内	168.2
14	切川	河内	249.664
15	池島	河内	1,104.10
16	舟橋	志紀	68.839
17	国分	安宿部	1,326.83
18	誉田	古市	914.989
19	西浦	古市	165.069
20	古市	古市	440.829
	計		**10,833.29**

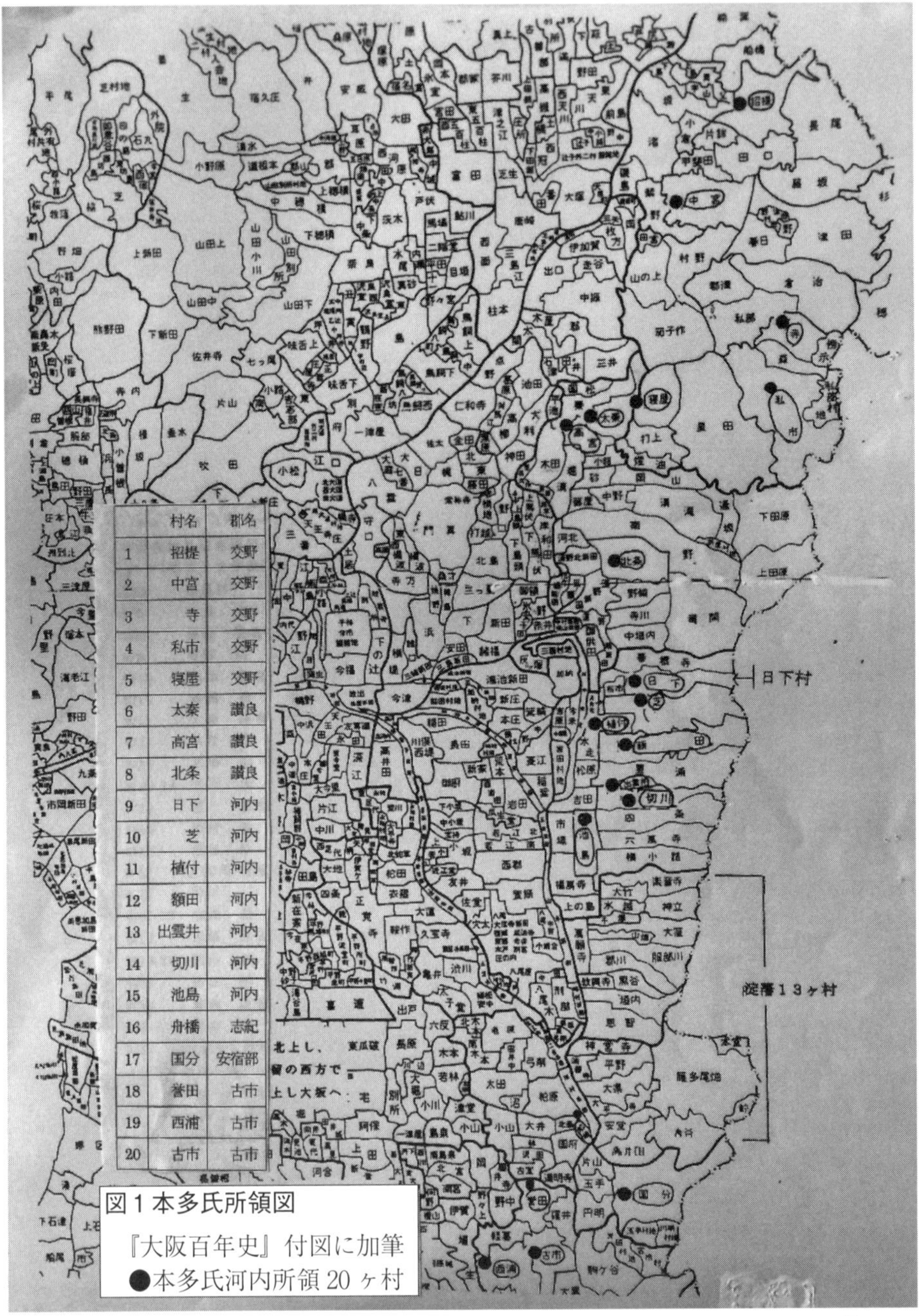

	村名	郡名
1	招提	交野
2	中宮	交野
3	寺	交野
4	私市	交野
5	寝屋	交野
6	太秦	讃良
7	高宮	讃良
8	北条	讃良
9	日下	河内
10	芝	河内
11	植付	河内
12	額田	河内
13	出雲井	河内
14	切川	河内
15	池島	河内
16	舟橋	志紀
17	国分	安宿部
18	誉田	古市
19	西浦	古市
20	古市	古市

図 1 本多氏所領図

『大阪百年史』付図に加筆

●本多氏河内所領 20 ヶ村

長右衛門ら村役人は、検見役人衆が大坂を出発したという廻状が来ると、内検見に奔走する。内検見とは、検見役人が見廻る田畑の等級を明示した立札を立て、歩刈りの準備をするのである。検見役人の接待のための献立をし、肴屋と八百屋に注文を出す。検見衆の接待には大坂から板前を呼び、料理を調えることになっていた。

検見衆は、北の招提・中宮から、寺・私市・寝屋・太秦・高宮・北条と廻り日下村に来る（図1）寝屋村あたりで逗留の日に、検見衆のご機嫌伺いに行く。また検見が終わると、役人が次の村へ移った後、検見の御礼と称して挨拶に行くという念の入れようであった。領主への儀礼に手抜かりは許されないのである。各村々では内検見をしていて、役人は村役人があらかじめ準備した手順で、田畑を形式通り検査し、その年の引方を決める、いわゆる畝引検見と言われるもので、実質的には百姓主導であった。

日下村の検見

享保十四年（一七二九）の検見では閏九月六日、長右衛門は寝屋村で検見中の役人衆にご挨拶に行く。二日後の八日、讃良郡の北条村で昼食を済ませて午後から日下村に到着する。村役人の庄屋・年寄が船着き場の善根寺浜まで迎えに出る。検見衆の蔵屋敷役人と足軽など上下一一名に、立入町人の飯尾善六と、用聞の萬屋善兵衛が随伴している。

到着後、早速歩刈りにかかる。長右衛門たちが内検見で立札を立てた田んぼの一坪を刈り取り、一反の収穫量を決める。東高野街道より西の布市郷を中心に歩刈を済ませ、日下村の本郷である東の山側には入っていない。そこは急勾配の山道を登らなければならず、役人も平地の布市だけで済ませたいようである。七ツ時（午後四時）過ぎには庄屋屋敷へ入られる。二時間余りで、内検見通りに検見が終わったようである。田畑のわずかに一～二割を廻り、簡単な見分であったことがわかる。村側が立札を立てた部分だけを歩刈するわけで、百姓の思惑でどうにでもなったのである。

翌日の朝から検見衆は江戸状にかかり切りである。江戸藩邸へ検見の報告をまとめて送るのである。その年の収穫の状況は、江戸の藩主以下本多氏の首脳陣にとっても関心事であったはずで、それによってその年の経営の見通しを立てる基礎になるものであった。

それが終わると検見衆は昼食前から森家のすぐ上にある大龍寺山へ松茸採りに登る。奉公人に酒や料理を持たせる。本多氏の銀主の鴻池七兵衛、薬行商人の才賀屋忠右衛門、郷宿のいせ屋惣五郎と、出入町人の丸福屋佐次兵衛が検見見舞と称してやって来て、松茸採りに同道する。寝屋村四郎兵衛が検見の御礼にやって来て同じく同道する。

役人衆はその夜、長右衛門や隠居の道意、村の医師らと囲碁を楽しむ。取り巻き町人らは森家の宴会でお相伴にあずかり、そのまま泊まり込む。検見とはいえ半分は村々での物見遊山というところであった。この時代の私領の検見がいかに鷹揚なものであったかがわかる。庄屋屋敷で豪華な料理に舌鼓を打ち、遊山を楽しみ、実際の検見はわずかに二時間という簡単さである。役人にとっては、例年通りの年貢が上がれば問題はない、形ばかりの検見で百姓の要求も少しは聞き、双方が納得のいく線で折り合う、というのが実情であったことがわかる。

年貢米のうち、まず八〇石を十月十日までに納めるようにとの指示がある。しかしこの八〇石は蔵屋敷で入札にかけられるだけで、船出しするのではない。日下村では郷蔵に年貢米を納めたまま、すべて大坂町人や、近郷の米商人や酒造屋が蔵屋敷で落札し、代銀を掛屋に支払ったあと、日下村の郷蔵から直接に米を受け取る在払い方式であった。

翌日、検見衆が日下村を終えてすぐ南の芝村へ入ると、長右衛門は早速に検見御礼に出かける。検見衆は芝村のあと植付村を廻り、その日は額田村で泊まり、出雲井村・切川村を済まして池島村で泊まっている。日下村に二日かけたあとの二日間は三ヶ村を一日で済ましている。いずれも日下村より小村であったが、日下村の森家なら、屋敷も広大で、美しい庭園もあり、御馳走も出るということで、長居をするのである。そのことを知っている取り巻き町人たちも、日下村の森家の時だけに、検見見舞と称してやって来てお相伴にあずかるのである。もっとも享保十二年（一七二七）には、検見衆一一人の食事五回について、扶持米として壱斗三升七合五夕を下さり、年貢から差し引かれる。しかし長右衛門が出す料理は、大坂の板前の手になる本膳料理であり、この扶持米で賄いきれるものではなかった。

このあと検見衆は、舟橋・国分・誉田・古市・西浦と廻り、河内領分二〇ヶ村（図1）を一五日前後で終えたものと思われる。本多氏役人としては毎年秋の最も重要な仕事のはずであるが、それが形ばかりのものであった、というところに、この時代の状況が鮮やかに浮かび上がる。

本多氏の検見の実態

この時代のどこの村でも言えることであったが、河内地方でも検地帳の面積は実際のそれより大幅に低い。年貢は実高よりも少ない高に課税された。また「元文二年日下村明細帳」（『東大阪市史資料』第六集三）の石盛は上々田で反当り一石五斗三升である。しかし、地元の古老に取材すると、日下村の田畑は勾配のきつい山里に位置するために、のり分を多く取らなければならず、一反が三六〇坪から四五〇坪もあり、広畝と呼ばれたという。周辺地域で反当り収穫量が二石六斗から三石二斗もあれば上出来であるのに、日下村では三石五斗から四石もあったという。その上に米の二倍から三倍もの収益が上がる綿作も行っていた。いくつもの段階で、それぞれのからくりがあり、百姓が手にしていた農民剰余がいかに多かったかは想像を待つまでもない。

幕府も諸藩も財政窮乏は年ごとに増幅していた。だが百姓を締めつけることは強烈な農民闘争となって返ってくる。それを避けるために、いつもながらの検見を踏襲し、百姓が納得する線で妥協するしかない。それでは何の解決にもならず、だからといって都市に押し寄せる新しい商業発展をその経済政策に取り込むこともできず、幕府も諸藩も前例を踏襲するだけの年貢徴収を繰り返したのである。

この後、享保十五年（一七三〇）には沼田藩本多氏は駿河の田中に移封となり、日下村は天領となる。その翌年から日下村は過去一〇年間の平均で定免制に切り替わる。定免制は百姓にとっては収穫を上げれば上げるだけ手元に残る得分が増えるもので、幕府が押し付けたものではなく、百姓の要求を受け入れた形で実施されたものである。河内村々でも、享保改革のこの時期、定免制を願う文書が多く残されている（『向井家文書』２０１１・『川中家文書』２０１８　日下古文書研究会）。根本のところで、百姓はしっかりと生きるための要求は貫徹している。それに反して、幕府諸藩は石高制に拘泥し、ぬるま湯に浸かるような停滞の中で、何も好転することなく、武士の経済政策の無能は来るべくして来る経済破綻を迎えるしかなかった。日下村の検見がそれを見事に言い尽くしている。

3　本多氏の蔵元御振舞

本多氏は蔵元の鴻池善兵衛へ振舞を行っている。しかもそれは河内所領二〇ヶ村に経費負担させてのものであった。そこから見えてくるものは、いかに本多氏が豊かな河内所領の村々に経済依存していたか、さらに江戸時代の身分制というものが、いかに実情にそぐわないものになっていたかを示している。まずその背景として、大坂町人と大名の関係を探ってみよう。

大坂町人と蔵屋敷

近世を通じて天下の台所と言われた大坂には諸藩の年貢米や物産が集まり、大坂商人の手を通じて各地へ出荷された。どんな商品でも大坂ではすぐに値がつき取引された。金銀は勿論、米、綿、油の相場がたち、遠国の特産品の問屋が並び、それぞれの品物の銘柄を決め、商標をつけ、迅速に売り捌かれた。優れた換金市場としての大坂を、江戸中期の経世家、海保青陵は「大坂には金という産物あり」という言葉で表現している。中之島・堂島・土佐堀あたりに一〇〇を超える諸藩の蔵屋敷が立ち並び、実務担当のために大名領国から御留守居役が派遣されていた。御留守居役は領国から送られた年貢米や特産品を問屋や仲買を通じて換金し、それを領国や、藩主の妻子のいる江戸藩邸へ送り、藩財政を運営した。そうした蔵物の管理・販売は蔵元と呼ばれる商人に委託され、蔵物売り払い代金は掛屋と呼ばれる商人が管理していた。蔵元も掛屋も両替商が多くその任にあたり、両方を兼ねるものも多かった（『大阪町人論』）。

大名貸

近世も早い時期から諸藩は財政窮乏に陥っていた。年貢の先納、家臣からの借上げ、藩札の発行などの打開策では追いつかず、大坂町人から前借するのが常であった。諸藩は大坂に銀主、つまり借金ができる商人を持つことが不可欠であった。江戸中期の経世家太宰春台が「今の世の諸侯は大も小も皆、首を垂れて町人に無心を言い、富商を憑みてその情けばかりにて世を渡る」というように、蔵屋敷御留守居役たちは銀主に頭を下げ、金を引き出すのに必死であった。銀主に家臣同然に扶持米を給与し、時服・反物・特産品を送り、節季の祝儀、寒暑の見舞と、種々の贈答を欠かさなかった。

大坂の町では毎年正月になると、恒例の風景が見られた。まず蔵屋敷役人が、川舟を連ね、あるいは駕籠に乗って、槍持ち・鋏箱持ちの若党を従えた行列で、蔵元や銀主の町人を年始廻礼し、そのあとで町人が蔵屋敷へ廻礼に赴いた。武士の方が先に頭を下げたのである。大坂では何よりも「金の力がものを言う」世界であり、金銭の前には人間としては対等であるという、封建社会にあっては叶わぬ夢であるはずのものを実現していた。むしろ、町人が金という産物で武士という支配階級を凌駕し、その上に立っていたのだとも言える。それゆえにこそ天下の大坂と呼ばれた。それは大坂商人にとって胸のすくような快挙であった。大名貸は大いに儲かったが、ただ金儲けという面ばかりでなく、この商人魂を揺さぶる野望ゆえに、貸し倒れや踏み倒しという危険を顧みず、大坂町人は我先にと大名貸に手を出したのである（『大阪町人論』）。

御振舞

蔵屋敷出入りの蔵元や銀主は立入町人と呼ばれ、円滑な商取引のために、蔵屋敷役人をお茶屋や芝居などに招待してもてなした。それは御振舞《おふれまい》と呼ばれ、新町や曽根崎新地が「振舞茶屋」と呼ばれて栄えた。また反対に蔵屋敷役人が大坂町人を招いて振舞をすることがあった。それは御留守居役の交代や、節句の祝儀の時などに行われたが、「御頼談」といって、新たな大名貸をする場合には重要な行事であった。まず立入町人をお茶屋で接待し、酒肴や芸者をはべらせて機嫌が良くなった時期を見計らって借金の交渉に入る。町人はその場では返事もしない。「帰ってゆっくり算段しまっさー」と受け流す。海保青陵がいうように蔵屋敷御留守居役たちはまさに「武士道も捨て町人の太鼓持ち」もしたのである（『大阪町人論』）。

本多氏の御振舞

日下村領主である本多氏蔵屋敷役人も例に洩れず、蔵元への振舞を行っている。それは、そろそろ桜もほころび始めた享保十三年（一七二八）春三月八日のことである。

日下村領主本多氏の蔵屋敷役人の田村清蔵が門番の半兵衛を召連れ、日下村の森家を急に訪ねて来た。どうやら本多氏御留守居役吉田助左衛門の接待で、本多氏の大事な蔵元である鴻池善兵衛を日下村の背後の鷲尾山へ花見に招待しようという計画らしい。そこで長右衛門に夕飯を振舞うようにとの申し出である。まさに本多氏蔵屋敷役人の蔵元への御振舞である。

しかも夕方四時ごろ知らせに来て明日来るという性急さである。だが蔵屋敷役人の命令は何事があってもやり遂げなければならない。それが庄屋の最重要の務めであった。長右衛門は大慌てで村人を指図して準備にとりかかる。船頭の吉右衛門と、奉公人の四郎兵衛を夕方六時ごろから大坂へ料理材料の買物にやり、隣の作兵衛方の提重を借り、大坂の料理屋で詰めさせる。田村清蔵は「麦飯にて醤油汁かるく」と言うけれど、そうはいかず、四重の重箱に豪華な肴が詰められるのだ。長右衛門家の名庭園も人足を集めて掃除させ、田村清蔵と門番の二人は長右衛門家に泊まることになる。

長右衛門はその豊かな財力と、実直な人柄で、大坂町人は勿論、蔵屋敷や奉行所役人の間でも厚い信望を得ていた。奉行所や蔵屋敷から、村落出入りの仲裁、長右衛門の人脈を利用した与力への口利きなど、頼まれ事が多かった。事あるごとに、長右衛門に任せれば間違いがないという認識から、今回も長右衛門に白羽の矢が立ったということであろう。

いよいよ翌日早朝から座敷・前栽などを掃除させ、厨では四郎兵衛が夜をかけて大坂から持ち帰った魚や野菜を使って、小走の杢兵衛と奉公人が料理にきりきり舞いの働きである。杢兵衛は触書などを隣村に届ける村雇人であるが、料理上手で常に料理を担当する。そろそろ到着される時刻になり、善根寺浜という船着場に村の年寄たちを迎えに行かせる。朝十時に着いてすぐに鷲尾山へ案内する。御留守居役吉田助左衛門と、松田定之進・松本儀太夫の蔵屋敷役人と、この日の主客の鴻池善兵衛であるが、それぞれに取り巻き町人が随行して総勢九名である。鷲尾山は、『河内名所図会』に紹介される花見の名所であった。山へは四重の提重と、きなこもち・にぎり飯を持たせる。山から下りると、杢兵衛が丹精込めて腕をふるった山海の珍味で宴会となる。麦飯と一汁五菜に香物という豪華さで、食品の数は二〇種類にも上る。夕方にはお帰りになるが、大阪まで四時間はかかるので、帰りの船にも、どじょうや白魚、サザエのつぼ焼きという高級な料理を持たせ、燭台や傘も積み込ま

鷲尾山『河内名所図会』

れる。まさに至れり尽くせりの接待である。「麦飯にて醤油汁かるく」と言われて、これだけの饗応をしなければならないのが村の庄屋の務めであった。

接待費用

この振舞では全体で銀一三〇匁、約二五万円前後の費用がかかっているが、日下村で負担したのではない。毎年十一月ごろに蔵屋敷関係でかかった経費を一万石で割り、郷割と称して、本多氏領分二〇ヶ村で公平に負担しているが、この費用も郷割に加えられて二〇ヶ村に割り付けている。村々は諸税の上に、何かと理由をつけたこうした経費を、役人への賄いの一種として当然のごとく負担させられたのである。

二日後、小走の杢兵衛が長右衛門の言いつけで、役人衆の船に乗せた食器や燭台、傘などを大坂へ取りに行き、そのついでに、蔵屋敷役人の田村清蔵に、この花見に来られたことのお礼に伺うべきかを尋ねている。それには及ばないという返事である。

だがその五日後の三月十六日に蔵屋敷へ出た長右衛門は、きっちり役人衆に礼に廻っている。現代人の感覚ではこれは役人の方に礼を言ってもらって当然であるが、この時代では長右衛門の方から礼に廻るのだ。これが江戸時代の身分制社会の常識であった。

身分制の実情

大坂という都市で繰り広げられた武士と町人の熾烈なやり取り、表面は武士身分に平伏しながら、その下で舌を出していた大坂町人、上座に座り、奉られながら、その実どうして金を引き出そうかと、頭を悩ませていた武士、本音と建前が複雑に入り混じり、虚々実々の駆け引きが日夜繰り広げられた。

河内ではこのころ大坂の経済発展に伴い、商業活動が盛んであった。森家の内情はかなり裕福であったし、村人の中にも様々な商売に手を出して儲けている百姓もいた。それに引きかえ、武士階級は諸藩の財政逼迫により、家臣も「借上げ」と称する給料減額を余儀なくされていた。幕府体制は絶対であったが、流通経済に対する幕府の制御が機能しなくなっていた。身分など何の役にも立たないことを暴露していた天下の大坂であったが、しかし身分制と格式は不動のものであった。

長右衛門は夕方来た役人に有無を言わさず急に明日の接待だと言われて、てんてこ舞いに振り回され、豪華なご馳走を供し、大金を費やし、終われば礼に伺うべきか問い合わせ、それには及ばないと言われながらも、役人一人一人に礼に廻るのだ。百姓には支配者への絶対服従しか選択肢はなかった。それに逆らうことなど夢にも考えなかっただろう。そして長右衛門は蔵屋敷で平身低頭して礼を述べるのだが、その相手の本多氏役人よりも、懐が豊かであったことは間違いない。

この建前の身分社会と現実の経済社会の大きな矛盾は、誰もが気づいていながら、誰もが手をつけることができないものであった。そのひずみの中で百姓は息をつき、豪農や豪商は富を蓄積し、武士は困窮に泣いた。この巨大化する病巣を内包したまま、近世の幕府体制はゆるやかな崩壊へと転げ落ちるしかなかった。日下村の御振舞一件が、如何ともしがたいこの時代の側面を鮮やかに切り取って私たちに見せてくれている。

4　本多氏の領国支配——困窮する東国・豊かな河内

享保十二年（一七二七）に本多氏蔵屋敷から、河内二〇ヶ村へ奉公人制限の通達が出された。この件に関して見えてくる本多氏の領国の困窮と、それとは対照的な河内の豊かさを探ってみたい。そこから本多氏支配の実態を知ることができよう。

本多氏の領国支配

沼田藩本多氏は、徳川家康の家臣として著名な本多正信の弟正重を祖とし、四代目伯耆守正永が元禄九年（一六九六）に若年寄に昇進し、元禄十六年（一七〇三）に、真田氏改易のあと天領となっていた上野国沼田二万石に入府した。正永はその後順調に出世し、宝永元年（一七〇四）には老中となり、下総・河内に二万石を加増され計四万石を領したが、河内所領二〇ヶ村はこの時に役知となった。『森家日記』に登場する殿様は正永の二代後の正矩で、享保七年（一七二二）に奏者番となっていた（『寛政重修諸家譜』一一巻）。

本多氏が元禄十六年に入部した当時、沼田は二一年前の真田氏改易で城も家臣屋敷も破却されており、井路川の掘り浚えや土手の修復から、本丸や家臣屋敷の普請など、城下町として整備するまでには四・五年を要した。そのため沼田領での年貢は元禄十六年から大幅に増徴され、三代目正矩に代替わりした享保七年からは村々の荒田に見取り高をかけるようになり、同十二年（一七二七）には新田や竹藪にも年貢がかけられるようになった。

その上初期には城下町整備の普請人足に始まり、以後も沼田城や江戸屋敷への労働力の提供など、領民には過酷な諸役負担がのしかかった。たまりかねた領民は本多氏領になって九年目の正徳元年（一七一一）から訴訟運動を展開する。この時の藩主正永は老中という幕府要職にあり、幕府への風聞を恐れ、人足負担の軽減と、労働給金の値上げなど、領民の要求をほぼ受け入れる形で決着する。

この訴訟の際の、正徳二年（一七一二）二月四日付「沼田領惣百姓訴状」には、訴えが聞き届けられたならば「第一に殿様の御為になる」という文言が添えられている。沼田領ではかつての領主真田氏が、領民への圧政により幕府によって改易されている。領主であってもさらに上位権力によって取り潰されることがあるという事実は、幕府への越訴という手段をちらつかせて要求を貫徹することが最も効果的であることを百姓に教えていた。苛政に苦しむ領民がこうした経験から得た知識を背景に、支配機構の弱みをついた抵抗運動であった（『沼田市史』本編　沼田市　１９９５）。

支配者の求めるものが何であるかを熟知している百姓の、恫喝とも受け取れる文言は、支配者と領民の一蓮托生とも言える関係を看破したものであった。結局生産者である百姓の安定供給があって、武士階級の命が維持できるのだということは百姓にとっても自明のことであった。

沼田領国の荒廃

沼田においてはこの訴願の成功によって領主の柔軟な姿勢が見られたが、それは一過性のものであった。正徳元年に藩主となった正武の時代から年貢諸役はさらに増加し、さらに享保元年（一七一六）の凶作がそれに追い討ちをかけ、領民の生活は困窮を極めた。生活苦から藩に無届で江戸や他領へ出稼ぎに行くものが増え、博奕や喧嘩が横行し、他領から流入する無頼の徒によって領内は荒廃を極めていた。

藩は毎年のように博奕の禁止や奉公人の制限について触書を出し、高札で徹底させたが、貧困層の拡大に伴って領内の生活や規律の乱れをどうすることもできなかった。藩主正武はそれに対して武士の権威を背景に厳しい処断で臨んだ。礼儀を欠くというような些細なことで処罰されるものが相次ぎ、「惣じて百姓御無《ごむ》たい」と言われるほどの粛清が行われ、藩内の秩序維持が図られた。正矩が藩主となった享保六年（一七二一）ころは、まさにそのような本多氏が領民の統治に苦悩していた時期に当たっていた。

翌年再び訴願運動の機運が盛り上がり、先の経験を踏まえて越訴を企て、「御上御役所　御上覧様」という宛名で本多氏の苛斂誅求を、領主を飛び越えてさらに上位権力である幕府へ訴え出たのである。この越訴は江戸へ向かったものがことごとく犠牲となるという、藩の強行な処断によって目的を遂げることはなかったが、ある程度の民政の変化をもたらした。本多氏は百姓の抵抗には断固とした絶対的権力で押さえ付けるその一方で、一時的にでも負担軽減などの懐柔策をとり、表面的には領内民政の安定を継続したのである。それは藩主が幕府高官であり、その体面の保持という至上命令が大きく存在し、領内統治に失敗することは絶対許されないことであったからである（『沼田市史』本編）。

河内領分への奉公人制限の通達

だがその後も百姓の生活苦は変わりなく、食い詰めて他領へ出稼ぎに出るしか方法はなく、人別に記載されない「帳はずれ」となるものが増加し、領内の労働人口が減少する事態となっていた。それは年貢減収に直結する由々しきことであり、領主にとって最も避けたいことであった。

本多氏は「人別改帳」の整備によって領外へ奉公に出る百姓をもれなく記載し、出稼ぎ者を村へ戻し、村への定着を図るなどの百姓の保護に努めた。享保十年（一七二五）から十二年（一七二七）にかけて、家老自らが村々を見分して回り、領内の実情の把握に力を注いだ（『沼田市史』本編）。まさにこの時、本多氏大坂蔵屋敷から河内領分二〇ヶ村へ「奉公人制限」の通達が出されたのである。

享保十二年（一七二七）十一月十二日、本多氏蔵屋敷より、奉公人を他領へ出すことを禁じる通達が出され、それを村人に読み聞かせている。しかし奉公に出ているものたちは、もはや契約を取り決めたあとで、この暮から奉公に出るつもりであるという。日下村の枝郷の布市、池端でも同じく、奉公の契約を済ましたものばかりであった。翌月には、蔵屋敷へ奉公人引き戻しの件について村方の事情を書付にして提出する。

日下村での奉公人の数、男一一人、女二〇人、合計三一人を報告し、村方ではもはや来期の奉公の契約を取り決めており、これを引き戻すとなれば、奉公先と奉公人両方に迷惑であるとして、来年暮に村方へ引き戻すということで了承を求めている。これに対する蔵屋敷の松本儀太夫の返答は、

来年においても奉公に絶対に出さないように、という訳ではなく、奉公以外に暮らしが成り立たないものは、庄屋の了簡で奉公に出してもかまわない。ただ奉公に出るものが多いために、村の田畑の耕作に不自由するということのないように、とのために申し付けるのである

というものであった。何かしら不明瞭な返答で、このあたりに支配者の微妙な立場をうかがわせる。というのは、触書で常々徹底されているように、零細な農民がわずかな持高を分けて分家することは禁じられ、農家の次・三男は、職人や奉公人に出すようにというのが公儀の方針であった。しかも困窮した百姓が年貢を納めるために、家族を奉公に出すこともあったのである。蔵屋敷としてはその手前、全面的に奉公を禁じることはできず、このようなあいまいな返答に終始することになった。

河内領分日下村での奉公人数三一人は、日下村人口一一二四人（享保十一年〈一七二六〉）の二・七パーセントである。かなり少ない数字で、それをも禁止するというところに、支配者の領内人口減少への警

戒度を見ることができるが、そこには本多氏の国許沼田での領民把握の苦悩があったのである。

沼田での奉公人比率は日下村の比ではなかっただろう。それだけ沼田領民の生活が苦しく、生きていくためには他領へ出稼ぎに出るほかないという危機的状況があったのである。そういう切羽詰まった状況など微塵もない河内所領において、突然のこの奉公人制限は河内の庄屋や百姓にとっては「何のため？」という疑問と戸惑いしかないものであった。

しかし、河内の庄屋にとっては、このような領主からのお達しには慣れている。度々発令される御触書も無理難題なものが多かった。「それはまあ一応は承っておきましょう」という長右衛門たちの姿勢が見えてくる。日下村では翌年以降は他領へ奉公に出ることは禁止された。では享保十二年度には三一人いた日下村の奉公人はどうしたのであろうか。素直に支配者の指示に従ったのであれば彼らは食べていけないで飢え死にしたのだろうか。そんなはずはない。いつの時代にも人間は生きることに必死である。一つの道が閉ざされたからといって、餓死するわけにはいかない。何とか生き残る道を算段するものである。

「奉公人を他領へ出すことを禁じる」という通達であり、他領であっても書類上は本多氏領内ということにしておけば、それ以上の詮索はされず、抜け道はあったのである。百姓は上には常に、「承りました」と殊勝な態度で応対しつつ、下ではちゃっかりと抜け道を通り、裏をかいていたのだ。その部分をうまく割り切り、住み分けることが江戸時代の百姓たちの処世術であり、庶民のあり方であった。長右衛門たち庄屋は常に村人の安泰な暮らしに責任を持つ。支配者には柔軟に対処しながら、押さえるところはしっかりと押さえて、問題が起こらないようにする。ここのところが村のリーダーとしての裁量というものであり心得とも言えるものであった。長右衛門はその辺は百も承知で、今回の問題もうまく処理したはずであった。

沼田支配の無能―河内の庄屋の優れた村運営

本多氏の河内所領支配は宝永元年（一七〇四）から享保十五年（一七三〇）までの二六年間にわたったが、河内領分において生活苦によって訴願運動に発展したことは一度もない。しかも長右衛門たち河内の庄屋は裕福であったから、毎年の五節句や盆・暮は勿論、検見の折にも祝儀と称する賄賂を送り、本多氏役人が度々長右衛門家を訪れては接待を受ける。大坂蔵屋敷に勤める本多氏役人は、藩の財政困難を背に負うていた沼田本国の家臣よりもはるかに実入りは良かったはずである。

突然の奉公人制限という事実が、享保時代の河内村々の経済的豊かさと、関東の城付所領の破綻に近い経済困窮という、あまりに対照的な実情を、残酷なまでに鮮やかに切り取って見せている。まさに「困窮する東国―豊かな河内」という構図を見ることができる。高い位階官職を与えられた支配者が、大坂町人や河内の豪農より経済的に下にあるということ、これが近世の身分制の実情であった。

財政困難に見舞われたどこの藩でも十八世紀ごろから、殖産興業政策などの藩政改革が行われるようになる。肥後熊本藩の細川重賢は、宝暦年間（一七五一～六四）から藩の危機的財政難の改革に取り組み、藩内の特産品である楮・生糸・はぜなどを専売制にし、藩直営で大坂へ送り、全国に出荷させた。特にはぜを使った蝋燭の製造では、藩内に工場を設置し、大坂町人加島屋に命じて大量に販売させた。こうして宝暦から天明（一七五一～一七八一）にかけて財政は好転し、天明の大飢饉にも領民救済に備蓄の米を大量に放出させることができた（『細川重賢公事略』細川家政所）。

しかし本多氏がそうした改革を目指すことはなかった。誰が考えても無理があると思われるような、ただただ沼田の領民を締め付ける暴政という、最悪の手段しか見い出せないでいたのである。ただ享保期にはまだそのような、藩政改革といった画期的な政策が実現されるには至っていない、という時代の制約もあったかもしれない。だが前例を踏襲するだけの検見を繰り返し、沼田本国で村人の逃散が起こっているからといって、何の経済的問題もない河内所領にも同じお達しを出す本多氏。それらすべてが本多氏の政治力、領民統治の無能さというものを示している。

それに比較して、河内は都市大坂の経済流通機構に組み込まれ、商品作物生産と商工業の発展によって百姓が食べるに困るという状況にはなかった。それどころか大坂の株仲間に参加して商工業に従事する百姓は、確かな富さえ手にしていた。沼田の百姓が食べることさえ事欠く窮乏に喘いでいた時、河内百姓は儲けた銀で買い入れた米を食べていた。

河内の庄屋は、武士の本質を見抜き、賄賂や接待で慰撫しつつ、お互いに持ちつ持たれつの対等な関係を築いていた。どんな無理難題な法令にも表向きは従順に対処しつつ、裏では柔軟に切り抜け、村人の暮らしの成り立ちを第一番に考え、心を配っていた。地域指導者として、常に村の安泰と平穏無事な村人の暮らしに責任を持つものが庄屋であると自覚していた。本多氏の家臣たちには、沼田であれ、河内所領であれ、領民への思いは皆無であった。領民に求めるのは確実な年貢納入だけであった。

本多氏支配の無能さとは対照的に、河内の庄屋の村運営のあり方は、高い政治力と、優れた地域運営能力に裏打ちされたものであった。それは都市大坂の最先端の経済システムと商業発展に支えられて、河内地域が成熟した地域社会を作り上げていたということであろう。

年始廻礼

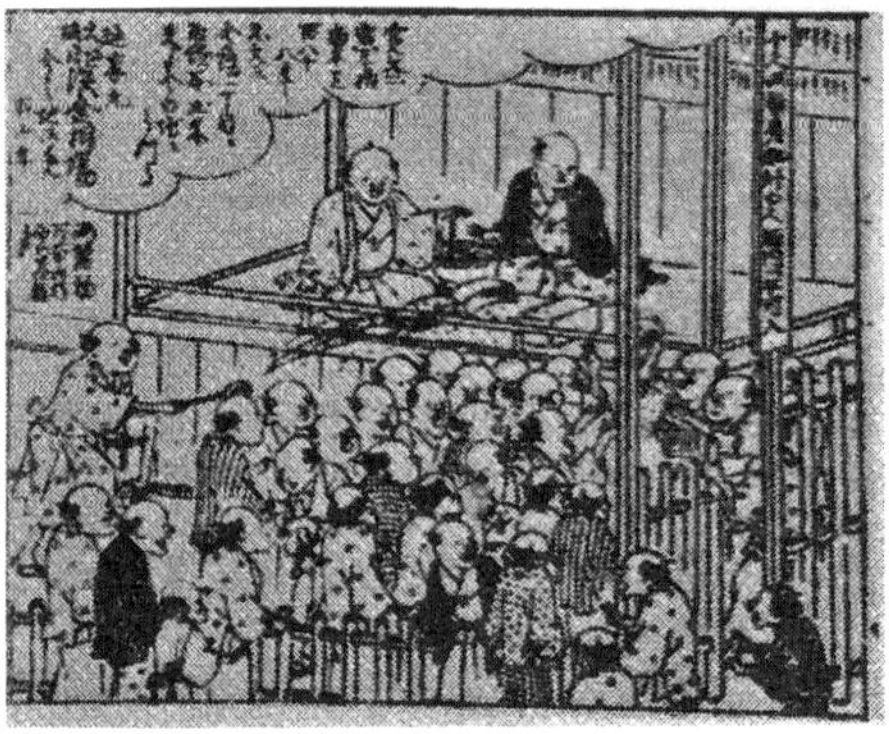

金銀相場会所

蔵屋敷の米入れ

堂島米市場

宮本又次『大坂町人論』

三　地域社会と庄屋

河内の地域社会では様々な問題が起きていた。それを優れた手腕で解決してきたのが河内の庄屋であった。ここでは村落出入、大和川付替え後の新田開発、享保十四年（一七二九）の薬草巡見を取り上げてみよう。

1　村落出入—争論仲介人としての庄屋

地域社会で起こってくる問題の中でも最も多いのが村落出入であった。しかし領主が介入しても、農業や地方《じかた》の知識のない武士にはその解決は困難なものであり、近郷でも一目置かれた有力庄屋に仲介を依頼するしか方法はなかった。村落出入は双方の村の思惑や駆け引きが潜んでいるものであり、その解決には、双方の村の真の要求や百姓の心情を見抜くことが最も重要であった。

元文四年（一七三九）、本多氏領交野郡中宮村と禁野村の境目論《さいめろん》では、近郷の招提・甲斐田・茄子作の三村の庄屋による仲介で内済にしたいという係争二ヶ村の申し出とともに、仲介村の三庄屋からも「我々は出入二ヶ村に近くその間の事情もよく承知しているので取り扱わせていただきたい」という一札を奉行所へ提出している（『枚方市史』第三巻　枚方市　１９６７）。それは近郷百姓が複雑な事情を理解していたということのほかに、境目論であれ水論であれ、近郷村も部外者ではなく、裁定が自分たちへも影響があることを知っていたからである。幾度もの村落出入を経験してきた河内の庄屋の力量が、地域社会の安定に寄与したのであった。

池嶋村一分米出入

日下村庄屋長右衛門は、町奉行所や、領主本多氏蔵屋敷から、度々出入仲介を依頼されている。検見巡見が終わり、銀納初納めも無事済んだ享保十二年（一七二七）十月二十三日、日下村長右衛門と相庄屋作兵衛、国分村伊右衛門と寝屋村四郎兵衛の四名の庄屋が蔵屋敷へ呼び出される。本多氏御留守居役吉田助左衛門と、松本儀太夫・松田億右衛門の三役人が立会にて申し渡されたのは、「池嶋村一分米《いちぶまい》出入」の仲介であった。一分米とは年貢とともに納める付加税のことである。争論村の池嶋村は寛保年間の史料によると、

池嶋村高千百四石一斗之内
　二百三十石余　庄屋十右衛門
　三百八十石余　庄屋清右衛門
　四百九十石余　庄屋与兵衛
右三組ニ訳（分）取扱来候、尤御免定ハ古来より惣高一通ニ頂戴仕候

（『枚岡市史』本編）

とあり、村高を三組に分け、三庄屋を立ててその支配高によって年貢を納めていた。だが一分米負担で三庄屋に争論が起きたようである。この出入で仲介を依頼する蔵屋敷役人の申し渡しに、

此方共表ニテ急度申付候テも同村庄屋之内勝負付申儀、気毒ニ存候間、四人として片落ニ無之様ニ埒明申様ニと被仰付候

とあり、こちらから命令しても三人の庄屋が勝負（決着）するのに気の毒（困惑）であると断言し、四名に片落なく埒明けるようにと言っている。村方出入は武士階層が直接介入しても、支配者と非支

配者という正反対な立場と、武士と百姓という身分的軋轢が大きく存在し、却ってこじれるだけであったことを武士自身が明言している。領民として同じ立場にあり、争論の事情もわかり、百姓や庄屋としての心情も理解できる、近郷村の庄屋が仲介にあたることが最善であった。

十一月三日、仲介人四名が池嶋村会所で寄り合い、池嶋村の三庄屋をかわるがわる呼び出し、三名の了簡を聞く。翌日池嶋村の三庄屋の一人である十右衛門から、近日中に日下村まで返事するということで決着し、その足で伊右衛門と長右衛門の二人がその経過を蔵屋敷へ注進に走る。つまりここで仲介人からある程度の解決方法が示され、あとは池嶋村三庄屋の賛同を得るだけという段階になっていたと思われる。

一ヶ月後の十二月三日、仲介人四名が蔵屋敷へ出、仲介人が示した案で解決したことを申し出て了承される。郷宿いせ屋で控えていた池嶋三庄屋へその旨伝えて書付を作成し、関係者連判の上、蔵屋敷へ提出し埒明する。

この事件の事情は、池嶋村の一分米の負担を以前は支配高によっていたが、九年前より三等分となった。それは三庄屋のうち二人が若年のため、十右衛門の親の彦左衛門が年貢などの世話を万端引き受けていたので、領主役人林部三郎兵衛の指示で三等分にしたのである。しかし彦左衛門が死去したのでまた支配限り、つまり石高に応じた負担に戻してほしいという訴えであった。三庄屋での持高にはかなりの差があり一分米負担を三等分するのでは不公平となり、このような訴えが起こって当然である。仲介人が提示した解決方法は、三年の猶予をもって支配高限りにするというものであった。

これは三庄屋ともに仲介人の提案をすぐに受け入れ、一ヶ月あまりですんなりと解決に至った。村内でのこうした出入は、他村との出入とは大きく違い、お互いの中である程度の解決方法が練られ、仲介人の意見もそれに添ったものであれば、何ら問題はないものであった。

今回の仲介人である日下村長右衛門と作兵衛、寝屋村四郎兵衛・国分村伊右衛門は、本多氏支配村二〇ヶ村の中で常々惣代に選出される人物であり、近郷村では名の知られた存在であった。そうした人物の仲介であれば、双方は納得するほかなく、その事情は蔵屋敷もよくわかっていたからこそ出入仲介人に指名したのである。

暗峠《くらがりとうげ》出入

暗峠『河内名所図会』

享保十二年（一七二七）十一月十三日、日下村長右衛門と植付村与兵衛は豊浦村庄屋・年寄、四条村庄屋・年寄と共に大坂町奉行所へ呼び出された。町奉行所地方役人から「暗峠出入」について日下村長右衛門と植付村与兵衛へ仲介人を命じられた。この時、係争関係にあったのは暗峠の茶屋三名と、豊浦村光乗寺・浄国寺の旦那衆であった。役人の申し渡しでは、「わずかな問題ながら、解決には困難が予想される」と明記されている。この出入は、奈良街道の生駒山暗峠の茶屋三名の屋敷田畑が豊浦村の浄国寺・光乗寺の旦那衆の所有であり、これを下作として茶屋三名へ貸し、下作米として毎年一石三斗六升一合を両寺へ納めさせていた。ところが、享保七年（一七二二）より未納になり、すでに享保八年（一七二三）に訴訟となっていたが解決していないというものであった。

早速同年十二月七日に峠の茶屋三名を呼び出し、出入の事情を聞く。暗峠茶屋三名の言い分は、この土地は延宝七年（一六七九）の検地帳に名前が載っているので自分たちの自作地であると認識していたというものであった。三名は四条村の百姓であるが、茶屋のある暗峠は奈良街道の生駒山頂にあり、豊浦村に属するため、四条村とは地理的に遠い。そこでこの土地の年貢を豊浦村から四条村へ納める山年貢と一緒に納めていたという。ところが、豊浦村両寺旦那衆はこの土地を下作地と認識していた。つまり両者の土地の認識が正反対であり、峠の茶屋三名はあくまでも年貢として四条村へ納めていたので、豊浦村両寺旦那には何も入らなかったわけである。

翌享保十三年（一七二八）一月に長右衛門ら仲介人は双方との話し合いで、年貢を一石に減じて豊浦村へ支払うという条件で説得する。この仲介条件で、暗峠三名は納得し、豊浦村の返答を待つことになる。豊浦村両寺旦那衆の返答は、先年より納めている一石三斗六升一合のうち一合不足しても納得しないという厳しいものであった。これで仲介は決裂し、長右衛門たちは仲介の御赦免を奉行所へ願い出る。

一年四ヶ月後の享保十四年（一七二九）三月十三日に奉行所から再度の仲介依頼がある。長右衛門と植付村与兵衛が地方役所へ出頭すると、役人の依頼は、「暗峠出入につき両村を呼び出すが双方とも病気と称して出頭しない。病気快気次第もう一度仲介するように」とのことであった。すでに長右衛門たちは仲介の御赦免を願い出た事件であるが、奉行所でも再び彼らに依頼するほかなかったのである。

多忙な田植時も過ぎた六月になって長右衛門たちは、枚岡神社神官の伊織宅に集まり取嗳《とりあつかい》に乗り出す。豊浦村両寺旦那衆は出頭し、条件によっては話し合うという態度を見せたが、暗峠茶屋三名と四条村は欠席のまま話し合う姿勢も見せない。

「小さな問題ながら解決困難な問題」と奉行所役人の言う通り、この出入では根本的な解決方法が見えないままであった。二度目の仲介で暗峠方が欠席した段階で、長右衛門たちにとってもこの問題が内済できないことは理解したはずであった。この争論もすでに享保八年（一七二三）から六年間にわたって揉め続けているのであるが、一方は下作地といい、一方は自作地と認識しており、双方の解釈が全く違う上に歩み寄りもなく、解決の糸口もつかめないものであった。あるいは訴訟文書の文面には出てこない長年積み重なった両者の軋轢があったかもしれない。この問題についてはこれ以後記述はない。

馬荷奪い取り事件

享保十二年（一七二七）五月八日、日下村馬方小林源助の弟権四郎は、日下村水車稼人源七の胡粉荷物を馬に載せ、日下村を南北に貫く東高野街道が大和川と交差する柏原村（現柏原市）にある問屋を目指して南へ向かっていた。

日下村から南へ、芝・神並・額田・豊浦の四村を過ぎ、出雲井村の鳥井（現東大阪市鳥居町）にさしかかったところで、額田村《ぬかたむら》戊亥《いぬい》の馬子平兵衛に馬と胡粉荷共に奪い取られる。出雲井村の鳥井とは枚岡神社の一の鳥居の場所であり、それより東の生駒山中腹の枚岡神社への参道となっている。

権四郎は馬荷を奪われたまま、仕方なく額田村庄屋三右衛門に駆け込みこの始末を訴えた。この時の三右衛門の返答は「馬差《うまさし》の事情はわからないので駅《うまや》の馬差に行って訳を聞くように」と言う。どう

枚岡神社一の鳥居　枚岡神社参道　　額田戌亥地区

やら平兵衛は駅の馬差に関係しているらしい。しかし奪い取ったのは額田村平兵衛であり、駅に問い合わせることは筋が違うので権四郎はしかたなくそのまま帰る。

他村の人間による理不尽な行為であるが、感情のままに事を荒立てることなく、その村の庄屋に訴えて帰る権四郎の態度に、他村との争いを避けようとする意識がうかがえる。彼は日下村に帰り、庄屋長右衛門に事の顛末を報告する。早速翌日、長右衛門は下男に馬方小林源助を添えて、額田村庄屋三右衛門へ訴えにやる。額田村三右衛門への口上は、

昨日此方村の馬で胡粉を柏原へ運ぶ途中、鳥井で其元村の平兵衛と申す馬方に胡紛荷物と馬が奪い取られたが、この街道は恩知川の不通の折には、年貢御残米を馬にて奈良街道松原宿の問屋へ運ぶ道筋になっている。年貢米は納入期限のあるもので、このような狼藉を致すようであれば、荷物遅滞となって殊外難儀なことである。このような狼藉を致さぬようにお申し付け下さらないのであれば、近所のことでもあり気の毒ではあるが、公儀へ訴訟するのでそのようにお心得くださるように。

との内容であった。三右衛門の返答は、「平兵衛は駅に詰めているので帰ったら吟味してこちらから返事する」という。前日の三右衛門

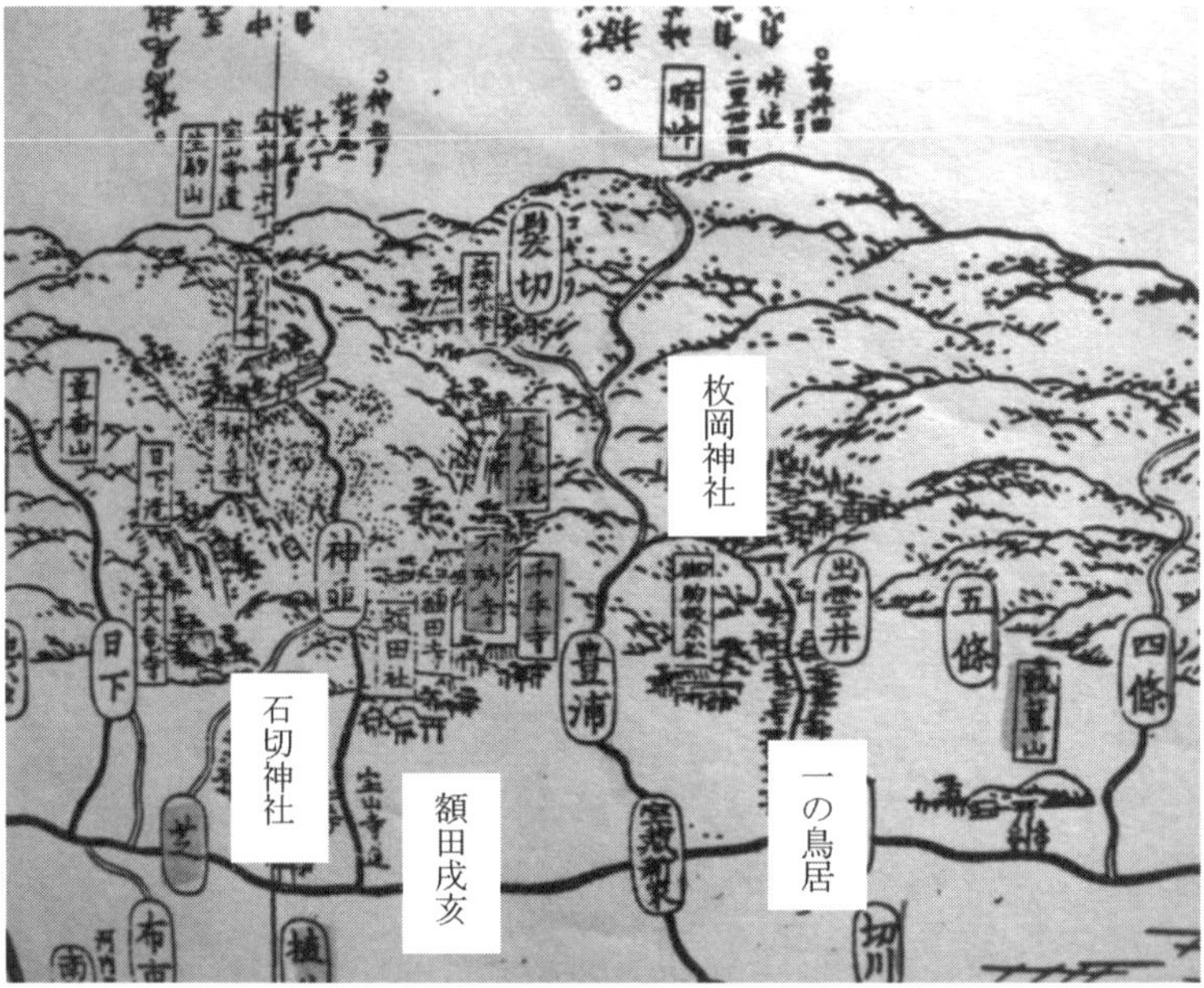

東高野街道

木積馬場先
石切神社

関係地図　「摂津河内国絵図」

門の返答にも「駅の馬差に行って訳を聞くように」とあり、どうやら平兵衛は単なる額田村の馬子ではなく、駅に詰める馬差であったのだ。

　この駅とは鳥井より約二キロ西南にある暗峠奈良街道の松原宿のことで、ここに問屋があった。年貢米の運搬にもこの問屋を通じて運んだのであり、このような狼藉は日下村にとって、年貢運搬にも差し支える重大事であった。その暮方、小林権四郎を額田村庄屋へ遣り、平兵衛の言い分を聞く。その主張は、「木積の馬場先より鳥井までの内目にかかり次第留める作法である」という。木積の馬場先とは、芝村の石切神社の参道であり、鳥井は枚岡神社の一の鳥居である。石切神社参道の馬場先から枚岡神社参道の鳥井までには、神並・額田・豊浦の三ヶ村があり、距離にして約三キロもある。この間を馬荷通行禁止区間とするというのは理解し難い主張であった。しかも鳥井は東高野街道沿いであり、当時の一級国道とも言うべき公道である。神社の下乗の作法で、馬から人を降ろすというのであればわかるが、この事件は公道上での、まるで追いはぎのような行為で、到底道理に適うものではない。

十二日朝、権四郎を額田村へ馬荷を引き取りに行かせたところ、額田村平兵衛は奪い取った馬荷を松原宿の駅に預けている様子で、詫言《わびごと》をするなら駅へ同道し、馬荷を返還するという。だが奪い取られた方が詫びる理由はないとして交渉は決裂する。権四郎は額田村庄屋へもその旨ことわりをして帰る。権四郎の報告を聞いた長右衛門は早速書付を認め、奉行所へ訴え出ることにする。

十三日、長右衛門は大坂町奉行所へ出頭し、小林権四郎の願書を提出する。

　額田村平兵衛に馬荷ともに奪い取られ、額田村庄屋へも度々返還を要求するが渡さず、迷惑至極である。私は馬方稼ぎで母を養う身であり、御慈悲の上馬荷の返還を申し付けていただきたい。

という訴状である。訴訟は受け付けられ、十八日に双方出頭するようにとの仰せ渡しがある。十八日、日下村・額田村の両庄屋、ならびに双方の当事者と、荷主水車屋源七と松原村問屋八右衛門が奉行所地方役所へ出頭する。額田村の主張の要旨は、

　日下村の馬子はこれまでも駅の御制札場を我儘に通り、この度も荷物を差し止めたところ、馬荷ともに打ち捨てて帰ったので、御慈悲の上、馬を受け取るように仰せ付けください。

と、自分たちへの保身の言い分であった。しかし日下村からの訴えで馬荷奪い取りは明らかであった。奉行所役人は額田村庄屋に対し、

　どこからの指示で日下村庄屋へことわりもなしに馬荷を奪い取ったのか。

と詰問し、殊外のお叱りがあるが、額田村庄屋は答えようもなく黙した。「馬はいかが致したか」とのお尋ねに松原村問屋に留めている旨返答をすると、松原村問屋八右衛門へもお咎めがあった。

どこにことわって馬を預ったのか。なぜ奉行所へ早速ことわりをしなかったのか。もし日下村から訴えがなければそのまま奪い取り、自分たちの得分にするつもりであったのか、どういう了簡であるか。惣体に駅の権威を笠にきて我儘なる働きである。厳しい処罰をするので明日出頭するように。

との厳しいお叱りであった。奉行所役人にとってもこの額田村の常軌を逸した理不尽な行為は許せないものであった。翌日地方役所で言い渡しがあり、当然のように、奉行所の判断は、額田村に対し、日下村へ馬荷を返還するようにとのことであった。額田村への仰せ渡しは

今回は日下村が返還してもらえれば申し分ないというので容赦するが、今後このような事件を起こせば、厳罰に処する。

と一方的なお咎めであった。済状を差し出しこれで落着した。この事件は額田村の理不尽な狼藉として糾弾されることで一件落着したのである。この日出頭したのは、日下村より当事者である日下村馬子の権四郎と源助、荷主の水車屋源七、庄屋作兵衛と年寄治助・五兵衛・与次兵衛、額田村より当事者平兵衛、年寄与左衛門と庄屋三右衛門、その他に立会人として豊浦村伊右衛門と水走村五郎左衛門、柏原の問屋から助市と市郎兵衛の一四名であった。

東高野街道という公道での馬荷奪い取りという事件は、周辺村々にも強い関心事であり、ある程度の危機感を抱かせるものであった。そうした周辺村が立会人として同席することによって、一層この事件の額田村の理不尽な行為を弾劾する効果もあった。どのような村落出入であっても地域社会全体

でかかわっていくことが原則であった。

翌二十日、権四郎は額田村へ馬荷を受け取りに行き、柏原の問屋へ納め、奉行所へ顛末とお礼の口上書を提出する。蔵屋敷へも書付の写を提出し、すべて解決となる。

この事件の真相はいかなるものであったか。額田村平兵衛は松原宿の馬差であり、宿役人として問屋場に詰めて人馬の指図にあたり、荷物輸送の実務を取り仕切る立場にあった。平兵衛の言い分に「日下村の馬子はこれまでも駅の御制札場を我儘に通り」とあり、普段から日下村馬子の往来に不満を抱いていたふしがうかがわれ、それが表面化したものと考えられる。

善根寺村庄屋である向井家の「御運上冥加其外余業稼等御取調ニ付書上帳」(『向井家文書』)によると、善根寺村の馬持は松原宿御伝馬御用を務めていたことが知られ、日下村の馬持小林源助も松原宿の御伝馬御用を務めていた可能性がある。では松原宿の馬差平兵衛とも顔見知りであったはずである。ではこの二人の間に何があったのか。その辺にこの事件の謎を解く鍵が潜んでいるかもしれないが、それを知る資料はない。

平兵衛の住む額田戌亥という地域は枚岡神社の乾の方角にあたるところからきた字名と言い伝え、かつては枚岡神社領であった。しかもこの地区は「額田歴代組」として土御門家の行う陰陽道の祭儀に奉仕する人々がいたことが知られる。近代になってからも、大正天皇の即位の大典の際に衣紋方として奉仕している(『枚岡市史』本編)。こうしたことも何かしらの権威を抱かせることになり、他地域の人間を排除する行動に出たとも考えられる。しかしそれも推測に過ぎず、真相は不明である。長右衛門はその辺のこの事件の真相に関わる事情というものはわかっていたに違いないが、いつものようにただ淡々と事実を記すのみである。

二九〇年前の百姓が、こうした理不尽としか思えない事件に対しても事を荒立てることなく、冷静に公儀へその裁決を委ね、地域社会を巻き込みつつ、筋を通して物事を解決していく姿は、近世において、良識を踏まえた、秩序ある社会が築き上げられていたことを示している。

山論

生駒山麓に位置する村々では常に山論が生じた。日下村は北隣の善根寺村との間に長年の山争いがあった。享保十三年（一七二八）七月十一日条で、日下村人が善根寺村との論所場所で柴を刈り取り、善根寺村より抗議の申し入れがある。同月二十八日には善根寺村から過銭を支払うようにとの要求があったが、日下村長右衛門は、これまで刈り取りしていた日下村の野山のうちであるとしてはねつけている。享保二十年（一七三五）十一月二十五日にも、「山の落の吟味有之候」とあり、落とは山論のことである。こうした小競り合いを一三〇年以上にわたり繰り返してきた善根寺村との山論が、代官所への訴訟となったのが文久元年（一八六一）九月であった。小堀数馬代官所から喜里川村の庄屋中西宗兵衛へ、この山論の仲介が依頼されたが、宗兵衛から「一人では解決は困難」という願いにより、水走村と神並村の庄屋が加えられ、三人での仲介となる。以下『枚岡市史』史料編によると、その経過は次のようなものであった。

仲介人は境目が明白に立てがたく、論所山一円を立会惣山として双方より番を付け、樹木を入札によって売り払い、代銀は両村村高で割り合い、双方の収入にするという解決策を提示するが、善根寺村からは天和年間（一六八一〜八四）からの書類にも明らかであるので、論所山の七畝一八分は善根寺村一村支配にしてほしい旨の返答がある。だが日下村は論所山の八分は日下村の地面であり、入会《いりあい》地にすることは不承知と、いずれも要求を曲げることなかった。「申し立て雲泥の齟齬にて和談行き届き申さず」という有様で仲介は決裂し、ついに翌文久二年（一八六二）五月二日、仲介人から代官所へ取曖御免の願いを出すことになる。しかし受け付けられることはなく、ついに代官所での対決となる。

そこで仲介人から、この度の論所山に限らず、両村惣山を一同に入会《いりあい》稼ぎにするという条件が出される。双方から村の持山と、惣山一円合地して入会地にする部分についての詳しい資料を持ち寄るが、なおも双方が我意を申し張り、和談には至らない。しかも時期的に田植え時の多忙と重なり、仲介人から再び取曖御免の願いを出す状況となる。その直後に急転直下、双方が納得し解決に持ち込まれた。結局、両村入会惣山にすることについては、それぞれの村で除く部分を確認し合い、売払い代銀については、文久二年の双方村の家数で割り合い、以後増減あるといえども、この家数を規矩とするという条件での決着であった。

それは泥沼化した問題にはこの提示条件以外に解決法はないということは双方にとって明らかであったし、享保年間（一七一六〜三六）から実に一三〇年以上にわたる紛争の年月が重くのしかかり、ここらで何らかの決着に持ち込みたいという思いも生じていた。その辺の両者の思惑をすばやく嗅ぎ取った仲介人が、田植え時に気のあせる両村の気配を察して決裂の意向をちらつかせつつ、双方が痛み分けで歩み寄るしかない方向へ持っていったのである。これまでの膠着状態がうそのようなあっけない幕切れであったが、偶然ではなく、熟練の手練手管でそこへ持っていった仲介人の手腕であった。

水論

村落出入の中でも特に水論は、百姓の命に繋がる農業経営の根幹をなすものであり、緊迫したせめぎ合いが繰り返された。しかも現代のような本格的な水利設備の建設が困難な近世において、双方が納得する水利設備の完璧な整備は不可能であったから、一時しのぎの方法で収めてきた長い年月の末に幾度も再燃し、何百年も揉め続けることも少なくなかった。表7は『枚岡市史』本編と史料編の山論水論関係史料より抜粋した河内郡における水利出入を書き上げたものである。同表⑥の「恩知川鯰尾堤態《わざ》と切出入」は、文化四年（一八〇七）に起きた、洪水の際に堤をわざと切って水損を逃れることを禁じる訴えである。この出入は、万治三年（一六六〇）の代官の上方水場見分の際、池島・四条・五条・客坊・切川五ヶ村の願いで公儀御入用普請として、恩知川筋一四・五町の間の川を付替え、その傍らに、五ヶ村悪水井路（鯰尾井路）を新たに切り開いたことが発端であった。

鯰尾井路は豊浦村領内で山から流れる川と合流して恩知川に注ぎ込むが、その合流地点で山川よりの土砂にて井路筋が埋まり、悪水が落ちない状況となった。そこで貞享年中（一六八四〜八八）、豊浦村へ証文を差し入れ、この悪水井路川中に新堤を築き、山川と悪水井路とを分離した。この証文には豊浦村の差し支えになる場合には堤を切るようにとの文言を入れている。だがこの文言は平和のときのことにて「大雨洪水の節に差構あれば」などの文言はないのであるが、宝暦三年（一七五三）の山川筋洪水の際に豊浦村はこの新堤をわざと切り、その水勢にて恩知川大堤の両側共切れ放ち、西側の数ヶ村が浸水し二万石あまりも水腐れとなった。

水損となった松原村から豊浦村と五ヶ村を相手取り争論になり、この出入は宝暦七年（一七五七）に内済した。その後、この切所に代官角倉与一の見分により、公儀負担の御入用普請で石垣堤が築かれた。「この大切の御普請所を、以後は豊浦村がわざと切りしないように仰せ付けられたく」というのが五ヶ村の訴願の趣旨であった。

それに対して豊浦村の返答は、「この堤が御普請所というのであれば、当村へそれなりの御沙汰もあるはずであるがそれもなく、豊浦村領主も村方においても知らないことだ。この鯰尾堤は山川急流の突き当たりにあり、洪水のみぎりにはわざと切りをするという約定がなければ築かせることはしない。それをわざと切りはできない御普請所と申し立てられては、洪水のみぎり豊浦村の防御手段はないことになる」というものであった。

双方の主張は真っ向から食い違い、六万寺村庄屋の仲介となるが、その決着までには文政二年（一八一九）まで一二年間を要している。最終的には、豊浦村山川堤を五ヶ村より普請して豊浦村へ渡し、五ヶ村の鯰尾堤の高さを三尺下げに改め、豊浦村の山川水流の障害にならぬようにするという条件で、豊浦村はこれ以後わざと切りはしないと申し合わせた。

この出入の万治三年の発端から解決までの実に一五九年という年月を考えても、山里に位置する村の山川の水害対策と、下流の悪水対策は真っ向から対立する問題であった。人間というものは自らの側に都合のいい解釈を無意識にしてしまうものであり、このような複雑な問題が長年経過する間にお互いの解釈が正反対のものになることはむしろ当然とも言える。

表7⑨の「井関狼藉により用水引込みに差支え訴訟」は、六名の用聞が仲介に関わったが結局決裂している。この出入は、鯰尾井路の下流村の用水引き入れのための板関が上流村々の悪水停滞となる問題で、同表⑦の文政二年の争論の後、板関を有姿より引き下げる約定を取結んでいた。しかし、この約定でも不完全であったため、弘化四年（一八四七）に再燃したのである。

双方の差し出した証拠図面は自分の村の井関だけで、相手方の井関は関係なしとして描き入れていないものであった。その上に双方の主張が、万治三年（一六六〇）という一八七年前の井路開削以前からの由緒を申し立てており、この水論が長年の争論であったことを示している。当然、双方の主張は相容れないものであった。結局、出入村領主の用聞六名が仲介人として立ったにもかかわらず解決に至らなかった。

この場合は係争部分の水利設備の完全な整備こそが双方の百姓の究極の要求であり、しかも双方共その設備をできるだけ自分たちの負担の少ない方法で手に入れることを望んだ。双方の言い分にはそうした隠された欲得が潜んでいた。用聞六名でかかってもこの水利問題の真髄と、百姓の要求の核心はつかみ得ないものであった。ただこの時代の水利技術では、双方が納得する完璧な水利設備は不可能であった。だからこそ何百年間も揉め続けても解決に至らなかったのである。

出入仲介の本質

村落出入の多くは、仲介人を立てて内済に持ち込むことが原則であった。内済主義は公儀による裁許のような権力的威圧をもってするのではなく、近郷の有力庄屋の仲介による紛争解決方法であったから、百姓に抵抗なく受け入れられた。出入村は様々な駆け引きで、自らに都合のいい決着を望むものであり、そうした両者の欲得の在り処を天秤にかけつつ調整する緻密な積み重ねの末に、ようやく双方が納得する最良の条件が現実の姿を現すのである。これが村落出入の本質であった。

武士階級や、大坂町人である用聞には、この出入の本質を理解することは不可能であった。百姓のしたたかな交渉術や、その裏に隠された本心を理解し得た近郷の庄屋こそが、仲介人として最適であった。幾度もの複雑な村落出入を裁き切る河内の庄屋の力量が、河内の地域社会に安定をもたらしたものであった。

2　新田開発の軋轢

宝永元年（一七〇四）の大和川付替え以後に、池床や川床が新田として開発されることになり、それに伴って、周辺本田村との間で激しい軋轢が生じることとなった。それは近世に入って河内の地域社会が直面した最大の試練と言っても過言ではなかった。特に河内の山方村の遊水地であった、深野《ふこの》池《いけ》の新田開発においては、周辺の本田村との争論は熾烈を極めるものとなった。農業経営の能力に欠ける町人地主に代わってその争論に対処し、経営実務を担当したのは河内の庄屋であった。

深野新田

河内の歴史は水との闘いであったと言われる。図2に見るように、大和川と何本もの支流が深野池と新開池《しんがいけ》という二つの大池に流れ込む悪条件の中で、悲惨な水害によって長年辛苦の中にあった。大和川付替えによって、その苦難を乗り越えることができたが、水の干上がった川筋と二つの広大な池が新田として開発されることになり、本田村は新たな問題に直面することになった。

新開池は鴻池家が開発に乗り出し鴻池新田（現東大阪市）となり、深野池は東本願寺と河内屋源七が開発に乗り出し、中央部は深野新田（後、北・中・南に分割）、南北は河内屋新田（後、南北に分割、いずれも現大東市）となった。この二つの大池は、周辺の本田村の悪水を落とす遊水地であったから、開発直後から水利出入が多発した。特に深野新田においてそれが顕著であった。この深野新田を取り上げて、開発における本田村との諸問題について河内の庄屋が果たした役割を検討してみよう。

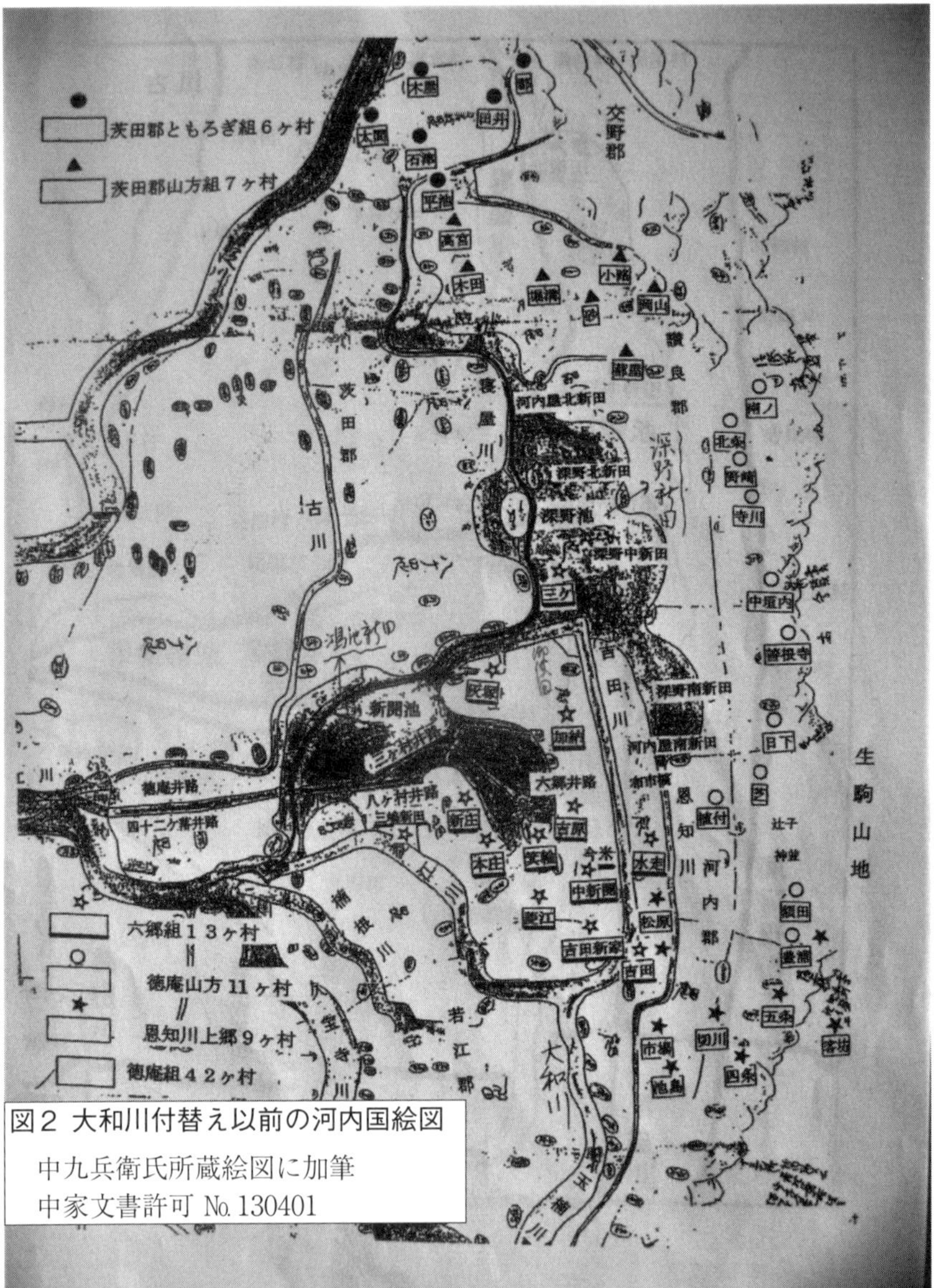

図２ 大和川付替え以前の河内国絵図
中九兵衛氏所蔵絵図に加筆
中家文書許可 No.130401

徳庵組四二ヶ村との提携

地域結合のうちでも最も重要なものが農業経営に直結する水利組合であった。宝永元年（一七〇四）の大和川付替えに至る訴願運動では初期には最大で二七〇ヶ村の連合が見られる。その後縮小されたが最後まで訴願を繰り返したのが徳庵組四二ヶ村という水利組合であった（中好幸『大和川付替・改流ノート』１９９３）。この組合は徳庵井路が開削された明暦元年（一六五五）に結成され、徳庵井路に悪水を落す水利権を統括する組合であった。この組合の位置関係は図２に示す通り、茨田・交野・讃良・河内・若江の五郡にわたる。大和川氾濫の際には河内郡のうち、吉田川の西側と若江郡が大きな被害を受けるが、北の淀川流域である茨田郡、寝屋川流域である交野郡・讃良郡、さらに河内郡山方などは直接洪水の被害を受けることはない。しかし大和川氾濫で徳庵井路が壊滅すると、この徳庵組すべての村が悪水井路を失うことになる。そこのところで結束しているのであり、大和川付替えの嘆願は徳庵組の総意でなければならず、四二ヶ村で最後まで嘆願を続けたのである。

大和川付替え後の深野池と新開池の新田開発については、幾多の困難に直面するが、その中でも特に悩まされたのは排水問題であった。両池は古代の河内湖の名残の広大な池であっただけに、水が引いても泥沼のような状態で、その排水問題は新田経営の成否を決する鍵となった。

新開池を開発した鴻池家は開発当初に独自の悪水路、鴻池水路を開削したが、深野池の新田は山方の悪水を直接に受ける位置にあったため、排水停滞が危機的状況となった。悪水井路としては徳庵井路が存在していたが、これを利用するには徳庵組四二ヶ村の水利権が大きく立ちはだかっていたため、深野新田独自の悪水井路の開削が窮余の策となった。しかし新規の悪水井路を開削することは地理的に困難であったから、その解決には既設の徳庵井路を上下に切り抜く方法がとられた。

巻末図5「切抜普請以後の徳庵井路図」を見ると、徳庵井路が二本となり、上を寝屋川、下を六郷井路としている。寝屋川は新田側、六郷井路は本田側の悪水を落としたのである。享保十年（一七二五）の徳庵井路修復完成の届出書（「長右衛門記録」）には、徳庵井路切抜普請の理由が簡潔に述べられている。そこには、「大和川付替え後の徳庵井路切抜の理由が、徳庵組四二ヶ村側にあるのではなく、深野新田側の低地故の排水問題にあるのだ」ということを明記している。あくまでも本田村は当事者ではなく、新田の排水問題に協力する立場であるということを明確にしているのだ。しかも差出が「徳庵組四二ヶ村並びに深野四新田」となっている。

徳庵井路切抜問題に対しては、徳庵組四二ヶ村と深野四新田が新しい結合関係を生み出し協力して解決にあたったのである。さらに水利組合は複雑に入り込む井路川管理の事情により複数の組合に属することが多かった。徳庵組四二ヶ村の生駒西麓村々は、恩知川上郷九ヶ村と徳庵山方一一ヶ村に属し、若江郡村々一三ヶ村は六郷組に属し、北の木屋《こや》から蔀屋《しとみや》までの村々は茨田郡の二〇ヶ用水路を共有する水利組合である、茨田郡ともろぎ組、茨田郡山方組にも属していた（巻末表8・図2）。

井路川を利用する村々の水利権は水利組合の厳しい統制下にあり、争論になる前に詳細な約定（表9）を取り決め、それを逸脱する行為は何人にも許されなかった。複数の水利組合に属するということは、いずれの組合の約定にも従う必要があった。

水という百姓の命に直結する問題では、お互いに譲れない切迫した争論となったはずで、運営の中心となった庄屋たちは各村の要求を調整し、全員が納得し折り合うまで徹底的な話し合いを重ねた。水利組合は古くからの歴史を持ち、さらにその上に、新田開発という新しく発生してきた問題に対しては、新たな結合が築かれたのである。

しかし「徳庵組四二ヶ村」という五〇年の歴史を持つ水利組合と結束し、「徳庵組四二ヶ村並びに深野四新田」という新たな結合を築くためには、地域社会における新参者である新田側が大きな代償を払う必要があった。

本田村と新田との約定

深野新田の東に接する善根寺村は、新田開発によって大きな影響を受けた村の一つであった。「日下古文書研究会」で善根寺村庄屋向井家の文書調査を実施したところ、深野新田関係の水論文書が二八点確認された。その中に徳庵井路切抜に関して、新田側との間で交わされた約定文書が二点ある。一点目の文書は宝永三年（一七〇六）六月付で、この時点で新田の悪水を落とすために、新田と山方村で徳庵井路切抜の相談がまとまっていたようで、

切抜普請を新田と本田村の一同で願うについては、普請とその後の修復については新田方で行い、本田村二八ヶ村には負担はかけない。以後の徳庵堤切れや破損の場合も新田方より修復する。

（『向井家文書』日下古文書研究会　２０１１）

という約定を取り交わしている。差出人は百姓身分の深野請負人として、下辻村与三兵衛・福島村清兵衛と、最後に新田地主河内屋源七が署名している。宛所は、

堀溝村　木田村　平池村　石津村　大間村　木屋村　郡村　田井村　高宮村　小路村
岡山村　砂村　蔀屋村　雁屋村　北条村　野崎村　寺川村　中垣内村　善根寺村　日下村
植付村　芝村　額田村　豊浦村　四条村　五条村　池嶋村　玉櫛村　右村々庄屋御衆中

となっていて、この二八ヶ村は図２に明らかなように、河内郡の徳庵山方村と、茨田郡ともろぎ組、

茨田郡山方組に属する寝屋川上流部の村々である。それまで深野池に悪水を落としていた村々であるが、村の悪水請池が新田となることで発生してくる諸問題を警戒し、自らの権益を守るための要求を新田側に突きつけ、一札入れさせたのである。

この文書の端裏書に「此本証文日下村ニ有之候」とあるが、『森家日記』延享二年（一七四五）六月二十日条で、深野新田と出入になっていた中垣内村から日下村に古い水利文書を借りに来ている。それがこの文書である。それは、中垣内村と深野南新田との間で、「六間井路堤笠置出入」（『向井家文書』）が起こり、その解決のためには、三九年後であっても、この新田側との開発当初の約定証文を持ち出すことで、自分たちに有利な解決に持ち込んだのである。

さらに、もう一点の文書は、徳庵切抜普請とともに、新田内の悪水抜きのための井路普請によって影響を受ける、本田村の諸普請に関連する諸入用負担についての一札である。この文書は宝永五年（一七〇八）八月二十八日付で、新田内の耕地整備のための悪水井路は、その先の徳庵井路に悪水を落とすために周辺本田村を通る必要があり、そのための普請が一一ヶ条にわたって明記されている。これらの井路堤修復の入用、樋・橋等の入用については、

徳庵山方一一ヶ村には徳庵高百石ニに付、銀一貫五百目ずつと決め、残る普請入用がいくらかかろうとも新田方で引受け、本田山方一一ヶ村へは負担をかけない（『向井家文書』）。

と新田請負人が約定している。この一一ヶ条は本田村内の井路や堤の普請であり、本田村も利益を蒙ったにもかかわらず、その要因が新田側にあり、新田開発に伴う普請であるとして、一定額以上の負担を拒否する約定を取り付けたのである。

この差出人も先の文書と同じく、深野新田請負人清兵衛・与三兵衛であり、最後に新田地主の河内

屋源七が署名している。清兵衛・与三兵衛はいずれも百姓身分であるが新田請負人となっていて、地主の河内屋源七より先に署名している。この理由については、「新田経営の実務担当者」で後述する。宛所は、

豊浦村　額田村　植付村　芝神並村　日下村　善根寺村　中垣内村　寺川村　野崎村　北條村
南野村

とあり、いずれも徳庵山方村である。

徳庵井路切抜普請

善根寺村『向井家文書』では徳庵井路切抜普請願の本文書はなく、下書だけが遺されている。この下書には日付がないが、文中に「去酉ノ年」とあるので年代は宝永三年（一七〇六）となる。その内容を見ると、

大和川付替えによって深野池が新田に開発されたが、それによって山方村々の悪水が排水できず、田が収穫不能となり迷惑である。早く徳庵井路の切抜を実現したいが、六郷組は徳庵井路切抜をすると六郷一一ヶ村の障害になると申している。しかしその考えは間違いである。切抜をすれば水はよく落ち、六郷の障害は少しもないはずである。

と繰り返し主張している。この文書の願人である徳庵山方村二九ヶ村と深野新田側にとっては、徳庵井路切抜こそが排水問題を解決するものであった。しかし六郷一一ヶ村（のち一三ヶ村）の若江郡の平野部の村々は、その方法では障害になると申し立てて反対していたのである。向井家にはこの問題がどのように解決していつ切抜普請に至ったのかについての史料は遺されていない。野崎村庄屋で新

田支配人を務めた宮崎家の文書にその史料がある。それによると、徳庵井路切抜普請については、
宝永六年（一七〇九）に新田支配人佐助が江戸へ願いに出て、翌七年（一七一〇）に江戸より証文をもって万年長十郎へ仰せ付けられ、七月に場所見分の上、定杭を打ち、八月から普請に取りかかった（「宮崎家文書」井上伸一「河内深野池の開発のはじまり」『大坂府狭山池博物館研究報告』四　２００７）。

とあり、切抜普請は宝永七年に行われたのである。宮崎家文書「開発諸入用方」によると、深野新田の開発費は宝永七年に前年の五倍近い増加を示していて、これは徳庵切抜普請費用が計上されたものである。結局、平野部の同意を得て普請実現までに四年の年月を必要としたことになる。

これを見ると、新田の排水問題は本田村との軋轢によって、危機的なものになっていたことがわかる。新田は山方村からは悪水を受けることを要求され、徳庵井路切抜普請の実現については平野部の村々の反対にさらされ、新田内の悪水は抜けず、収穫の望めない数年を耐えるしかなかったのである。

深野新田は地主交代が頻繁で、現在では史料によって様々で確定できないので、史料ごとに権利移動の明細を挙げたのが巻末表10である。その②ではこの辛苦の中にあった宝永六年に、深野南新田は東本願寺から平野屋又右衛門へ譲渡されている。東本願寺は平野屋から借金し、それを返済できないで、質流れ譲渡になったのである。深野新田にとっては徳庵切抜普請の実現こそ、経営の根幹にかかわる問題であった。新田存続の背水の陣と言うべき切迫した状況の中で、支配人佐助は江戸へ向かったのである。

本田村との軋轢

新田と本田村との出入争論は多発したが、表11の②と④のように、新田側が埋めた樋を本田側が

迷惑として掘り起こす出入が特に多かった。日下村の村方文書にもそれを示すものがある。「享保六年書付控」（「長右衛門記録」）によると、平野屋又右衛門が東本願寺と河内屋源七から、深野池の南端、深野南新田と河内屋南新田を譲渡され、平野屋新田となったのは、享保六年（一七二一）であるが、その直後に新田と日下村双方の立合井路に伏せた樋について、日下村から平野屋新田へ取り払い要求を突きつけている。しかもそのままにして置けば此方より掘り上げると実力行使さえ示唆しており、必要に応じて開閉できる門樋にさせてもらえないかという願いにも「なり申さず」と拒否している。本田村の作り上げていた水利秩序に反する行為はことごとく潰されていく運命にあった。

こうした水論は領主にとっても厄介な問題であった。巻末表11の④の鴻池新田と本田村五ヶ村の出入では、新田側の埋めた樋を掘り上げた本田村の実力行使を、新田側が万年長十郎代官へ訴えた。代官は「我侭なる致し方、不届き千万」と、同じ代官支配の加納村と菱江村（巻末表12太字）には厳しいお叱りであったが、水走村・吉田村は他の代官支配（巻末表12太字）であり、万年長十郎にとっても、「他の代官支配の村にまで介入して取り扱いはできない」とお手上げ状態であった。「依って吉田村惣左衛門挨拶をもって和熟仕候」と百姓身分の仲介人が登場して、ようやく解決となったのである（草間直方「鴻池新田開発事略」『大阪府農地改革史』１９５２）。

この吉田村惣左衛門は、「吉田村庄屋役付」（『東大阪市史資料』第六集二　１９７７）の中にその名前はない。この出入の史料である「鴻池新田開発事略」は、文化九年（一八一二）に鴻池家の草間直方が編纂したもので、開発より一〇〇年以上も後のものである。これはおそらく六郷組惣代の吉原村惣右衛門の書写間違いであると思われる。というのは、彼は巻末表11に、②③⑤の水論に仲介人として登場しており、出入仲介に長けた人物であったからである。つまり水論に関しては代官といえども何の能力もなく、吉原村惣右衛門のような、水利に習熟した地元の庄屋が乗り出さなければ何の解決も得られなかったのである。

極端に言えば徳庵組村々や、地元の水利を統括していた庄屋が否と言えば、新田の水利が止まる状況であった。本田村社会が作り上げていた農業経営の規律や水利慣行と、円滑な協調関係が築けるかどうかが、新田経営の成否を決したのである。

新田の悪水・用水難儀

新田の悪水と用水をめぐる出入は『向井家文書』に詳しい。山方村の善根寺村と中垣内村はこれまで深野池に悪水を落としていたが、この池が新田に開発されると悪水が滞ることになる。新田開発以後、新田内に多くの井路が築かれ、その問題を解決してきたはずであるが、この二ヶ村ではなお悪水が落ちない状況にあったようである。そこで正徳三年（一七一三）、両村が井路差構迷惑として訴訟し、新田内に山方村の悪水を受け通すことを要求する訴訟を起こす。

新田が苦労したのは悪水問題だけではなく、用水においても問題があった。深野新田は淀川から寝屋川を経て取水する二〇箇用水組合に加入を許されず、水利権のない新田にとっては山方村の悪水を用水として利用するしかなかった。しかし山方村悪水は平野部の三箇村・御供田村・灰塚村の三ヶ村が用水として利用してきたものであったため、正徳三年に三ヶ村が用水難儀として深野新田を訴えたのである。

深野新田と本田村の、悪水と用水をめぐるこの一連の水論は、五年の紆余曲折を経て、享保三年（一七一八）に京都裁許書が出る。その結果、「善根寺・中垣内両村の悪水が滞る際は、三箇村・御供田村・灰塚村の平野部三ヶ村より掘り浚えをし、新田の用水に関しては、北条・寺川・野崎の山方村の山水を使い、渇水の際には平野部三ヶ村と新田とで樋門を開ける日数を決めて取水する」という条件で一応の決着がつけられた（『向井家文書』）。

享保再検地

深野新田は当初、東本願寺大坂難波御堂祠堂御田地として本願寺一七世真如が開発に乗り出し、その作業は惣百姓直参門徒に仰せ付けられた。東本願寺は宝永二年（一七〇五）に開発地代金を平野屋又右衛門から融通を受けている。請負人から徴収した地代金は返済に回されず、開発諸入用に流用された。東本願寺による開発はその当初から借入金を前提とした脆弱な財政下で行われたのである（井上伸一「河内深野池の開発のはじまり」『大坂府狭山池博物館研究報告』四　２００７）。

宝永五年の検地の後も続けられた開発の費用、徳庵切抜普請の負担がのしかかり、その上に、こうした本田村との軋轢は新田経営をますます悪化させた。それに耐えかねて深野新田は頻繁な地主交代の運命をたどった。巻末表10の②に見るごとく、深野南新田は宝永六年（一七〇九）、河内屋南新田は享保六年（一七二一）に平野屋又右衛門にいずれも質流れ譲渡された。それ以後両新田は平野屋新田となった。その後、平野屋又右衛門から助松屋・天王寺屋の二人の地主を経て高松長左衛門へ渡っている。

この頻繁な地主交代の理由は水利問題だけではなかった。平野屋新田会所に遺された「平野屋会所文書」（大東市教育委員会所蔵）を閲覧し書写したところ、様々な新田の苦難が浮かび上がってきた。同文書「新田開発明細書上帳」によると、宝永元年の大和川付替え以前から、深野池の湿地帯の中に、周辺本田村が葭小物成場、流作場として利用してきた区域があり、新田検地の際に、その部分も新田に組み込まれてしまったとして、正徳二年（一七一二）に本田村五ヶ村からその返還要求の出訴を行ったとある。それを受けて享保四年（一七一九）に新田の再検地が行われた。

この再検地により、新田側は論所場所を本田村へ返還させせられたばかりでなく、「享保の改革」を推進していた幕府の年貢増徴政策に組み込まれ、耕地の等級引き上げなどにより、石高は巻末表10の最下段の「新田石高の変遷」に見る通り、いずれも倍以上に跳ね上がったのである。これは「訴人検地」と言われ、新田経営は大きな打撃を受けることとなった。鴻池新田はこの再検地で、石高が八七五石から一七〇六石に倍増し、年間作徳額は三分の一にまで落ち込んだ（井上伸一「新田開発をめぐる軋轢と享保再検地」『大阪府文化財研究』二九号　２００６）。

深野新田でも同様であった。『平野屋会所文書』の「文化二年　平野屋新田明細帳」によると、深野新田でも訴人検地により石高が倍になり、経営困難によって東本願寺が売却せざるを得ない状態となった。表10の③に見るごとく、深野三新田と河内屋二新田が、相前後して鴻池又右衛門と平野屋又右衛門へ質入の上、享保六年までにすべて質流れ譲渡された。新田がいかに周辺本田村の激しい挟撃に曝されていたかということを物語っている。

新田経営の実務担当者

東本願寺から譲渡されて平野屋新田の開発に乗り出した平野屋の『平野屋会所文書目録』（『大東市史編纂史料目録』第二集　大東市教育委員会　２００４）では、水利関係が九八点と最多である。それは周辺村々との間に、いかに水利出入が頻繁に発生したかを示している。徳庵組という最も水利問題の頻発する地域に新田が開発されることはさらに水論を複雑で解決困難なものにした。しかし質流れ譲渡によって新田地主となった大坂町人は、水利どころか農業の知識が皆無であり、その出入の内容さえ把握困難であった。では新田経営の実際の担い手は誰であったのか。

野崎村庄屋宮崎佐助という人物は前述のように、深野新田支配人として、開発の当初から新田経営の実務にあたっていた。宮崎家には深野新田開発の当初からの文書類が所蔵されており、「宮崎家文書」の「御田地請負人」によると、佐助は享保六年（一七二一）には新田五町余を取得し地主となっている（巻末表10の⑥）。前述の新田と本田村との二点の約定文書に、深野新田請負人として登場する下辻村与三兵衛と福島村清兵衛はいずれも百姓身分であるが、地主である大坂町人河内屋源七より前に署名している。「宮崎家文書」の「御田地請負人」によると、与三兵衛は深野新田二〇町歩、清兵衛は三六町歩の請負人として記載されている。野崎村佐助をはじめ、こうした周辺農村の庄屋級の上層農民が新田請負人となり、さらに新田支配人となって、農業や水利の事情に疎い町人地主に代わって新田経営を主導したのである。出入文書に彼ら百姓身分の支配人が、新田地主より先に署名する理由は、次の文書に明らかである。『平野屋会所文書』の「善根寺村・中垣内村出入一件写」に、

新田地主は大坂町人であり、土地のことは全くわからないという状態で、出入の当事者である地主に代わり、支配人が口上書を提出した。

とある。また同文書の別項でも、

地主平野屋又右衛門は、公儀の掛屋も勤める裕福な大坂町人であるが、地方《じかた》の農業のことは全くわからず、新田経営の実際を担当していたのは我々百姓身分の支配人であり、出入に関しても、訴訟の当事者たる地主に代わり、我々支配人が出頭することを願い出て承認された。

とある。だからこそ出入文書に地主より先に署名しているのだ。

前述の『鴻池新田開発事略』にも開発当初の事情が説明されている。それによると、

開発に不案内では成就も覚束なく、地方に詳しい玉串村山中庄兵衛に万事を頼み、近郷村の巧者なる九名の庄屋に世話を頼んだ。

とある。玉串村山中庄兵衛は、山本新田の開発を指導した人物で、新田開発に関して豊富な知識を持つ経験者であり、その他にも巧者なる九名の庄屋に世話を頼んでいる。

大坂町人が財力で乗り込んでも、実際の開発に何の能力もなかった。長年その地で農業を営み、農作業や水利の知識・技術が豊富な地元の巧者なる庄屋を支配人として登用し、実務を担当させてこそはじめて新田開発が可能であった。新田経営の実務担当者は河内の庄屋であった。

河内の水利技術——吉原村藤井家

河内百姓が新田経営を牛耳った背景の一つには、河内地域の複雑に入り組む井路を効率良く機能させる優れた水利技術があった。三河吉田藩士の柴田善伸は、藩主が大坂城代として赴任した折に随伴している。天保三年（一八三二）に藩主の河内巡見に同行した際の日記には

中新田巡村に行かんとす。迎え船に乗る。放出《はなてん》の水道に伏越樋有、六ケ敷《むつかしき》入組たる普請也。中新田も鴻池新田も掻生にて稲よくみのりたり。（中略）七ツ出立、寝屋川に至る。此処、井堰を掛る場の設有り。旱の時板をせき止め、用水をかき入る也とぞ。

（『柴田善伸翁日記抜書』東三地方史研究会　２０１９）

とあり、河内の田畑に縦横に走る井路川に設けられた水利設備の見事さに感心している。特に「むつかしき入組たる」とある伏越樋は、山川の流れの下に樋を通すもので、優れた技術で造られていた。

寝屋川の井堰の設備にも注目しているのは、そうした水利技術が、彼の地元の三河吉田では見られないものであったからであろう。こうした技術は、河内の長年の水との闘いの歴史の故に磨かれたものであった。

では本田村社会においてどのような人物が水利を主導したのであろうか。表11の②③④⑤の出入に仲介人として登場する吉原村庄屋惣右衛門は、図2に見るごとく、深野・鴻池両新田と境を接する村々の水利組合である六郷組一三ヶ村の惣代である。徳庵組四二ヶ村が落とした悪水が最終的に流れ込む旧新開池と吉田川・菱江川に囲まれた地域は、旧大和川流域において最も過酷な水害にさらされた。その水利の心臓部とも言える部分の統括者が吉原村惣右衛門であった。

徳庵組の惣代としては、南山方惣代は日下村庄屋与平次（後改名長右衛門）と寺川村庄屋重兵衛、北山方惣代は砂村庄屋又七郎・六郷組惣代が吉原村庄屋惣右衛門の四名（「長右衛門記録」）が取り仕切っていたが、六郷組の惣代である惣右衛門がその中でも実力者であった。『森家日記』の吉原惣右衛門に関する記載を拾ってみると、享保十三年（一七二八）から十四年（一七二九）にかけて、六郷井路と徳庵井路の修復に関する問題では常に吉原村惣右衛門が実務を担当し、徳庵組四二ヶ村へ指示を出し、指導的役割を務めている。

惣右衛門の祖父藤井四郎右衛門は、寛文七年（一六六七）から阿波国吉野川河口部にあたる、板野郡笹木野村の開発に乗り出している。この事業は寛文九年（一六六九）には藩の開発許可を得て、大縄五二五町歩余が着工された。鍬下が明けて検地が実施されたが、年貢未進により、開発地を徳島藩に差し出し撤退している。この事業は結局挫折したとはいえ、上方の百姓が遠く四国の新田開発に参画する背景には、彼が水利に長けた地方巧者であったことが大きい。

藤井氏の祖先は近江佐々木氏の末裔で、文明年間（一四六九―八七）に河内国に至り、新開池の東部を開発して吉原村を興した。しかしこの地域は低湿地であり、大和川付替え以前は、大雨が降ると真っ先に洪水に見舞われ、甚大な被害にさらされる地域であった。そのために藤井家には開発や水利に必要な知識と技術が集積・継承されており、阿波国吉野川河口部の開発に乗り出したのである（井上伸一「寛文期における吉野川下流域の新田開発と上方勢の動向―阿波国板野郡笹木村を中心に―」『近畿大学大学院文芸研究科　文芸研究』九号　２０１２）。

藤井四郎右衛門の孫である吉原惣右衛門が、享保時代に徳庵組を主導したのも、それまでの藤井家の父祖伝来の水利の地方巧者としての実績が地域社会で認められたものであったからである。

新田開発の主導者

河内地域は旧大和川が周辺田畑よりも一丈以上も高い天井川と化し、さらにそれが入り込む深野池と新開池は流れも途絶え、滞留するだけの湿地帯となり、その先で楕円形に迂回しながら南からの三本の川と合流するという例のない悪条件の中にあった（図2）。度々の洪水によって泥沼に這いずり回るような悲惨な境涯にさらされてきたからこそ、吉原村藤井四郎右衛門や惣右衛門のような水利の真髄というものを知り尽くした地方巧者を育成したのである。

彼らの水利技術であれ、幾多の水論を裁く自治能力であれ、苦難の歴史に磨かれたものであり、大和川付替えという大事業を乗り越えてきた河内の地域社会全体で培ってきたものであった。新田側が新たに埋めた樋は、彼らが築き上げた聖域を新参者に侵されるようなものであり、許されるものではなかったから、実力行使で掘り上げるのである。

本田村のすさまじい圧力を受ける新田経営の実態を考えると、本田村の庄屋の采配に服従しなければ新田存続は不可能であった。だからこそ新田地主は河内の庄屋や有力農民を支配人として任命し、実務を委任したのである。複雑な本田村との駆け引きを裁き切れるのは彼らでしか成し得ないものであった。実質的に本田村の庄屋層が新田開発を主導したのだと言える。

新田のその後

新田経営は過酷であったが、新田を開拓していった入植者たちの苦労も並大抵ではなかった。『平野屋会所文書』の「江戸願明細帳」の中には悲痛な言葉が並んでいる。

仮初《かりそめ》の悪水にても一面の水下になり田畑上土押流し、（中略）毎年打ち続く水亡により小作百姓年々飢に及び、地主より借金夥しく

といった状況が記されている。平野屋新田に隣接する善根寺村にも、戦前から平野屋新田の小作をしていた方がいて、そうした古老に取材すると、平野屋新田の土地は粘土質で水はけは悪い、しかも旱になるとすぐに乾燥するという、まことに耕作しにくい土地で、普通の田んぼの二倍の労力がかかったという。そこで平野屋の田んぼのことを疎んじて「ままこ」と呼んでいたという。

一九四〇年代になってからもこの状態であったことを考えれば、開発当初の苦難は察するに余りある。新田に入植した百姓は、まさに湿地帯を這いずり回るような長年の苦労によって、水はけの悪い池底を美しい耕作地に生まれ変わらせてきたのである。新田地主の大坂町人にとっても、この新田経営はぜひとも成功させなければならないものであった。だからこそ、幾度も地主は替わりながらも、永々と開拓は続けられたのである。

本田村も初期のころは自分たちの死活問題もあって、新田への攻撃は激しいものになったが、新田がまるで破綻してしまっても困るわけで、お互いに共存していける道を探りながら、次第に新田は排水設備が整備され、農地としての形を整えていった。そして『向井家文書』でも、享保三年（一七一八）の京都裁許書以後から水利出入は減少し、延享二年（一七四五）の中垣内村との出入を最後になくなる。それはようやく新田も水利設備が整えられて、一定量の収穫が上がる土地となり、地域社会の一員として認められて、河内に溶け込んでいった証拠である。

新田百姓が大難渋の悪場所と格闘しながら木綿や菜種といった商品作物を生産し、それが大坂から全国へ向けて出荷された。泥沼のような湿地帯を見わたすばかりの畑に生まれ変わらせてきた新田入植者たち、そしてその水利の苦難を共にしてきた徳庵組をはじめとする河内百姓の力が、天下の台所と言われた大坂の繁栄を支える一つの力となったのである。

河内の水との闘いの終焉

徳庵井路は埋め立てられ現在は寝屋川となっている。大正十三年（一九二四）徳庵に取水口を設け、寝屋川より取水する画期的な揚水機場が竣工した。そばに立つ「揚水場設置記念碑」には、

大正十三年揚水場を造る。その年全国に旱あるも北河内では枯渇を免れ、増収すること二万石、

その効亦大なり、後年水を傍近に分つ。沢の及ぶところ八百余町、後に千余町に至る。

と刻まれている。昭和四十六年（一九七一）には徳庵の樋門が完成し、排水ポンプ場を新設する。同年七月の豪雨によって、東大阪市の北の大東市地域は大洪水に見舞われたが、東大阪市地域では、徳庵の排水ポンプで、三日間にわたって昼夜兼行で排水したため被害がなかった。その後平成五年（一

九九三）に揚排水ポンプ電気設備が完成する。

毎年四月の田植時には満潮時に寝屋川から取水し、徳庵樋門を閉じて東の六郷・五箇井路に通水し、網の目のように張りめぐらされた支線水路を経由して六郷地域の田に送水する。田に水が不要になる九月には徳庵の樋門を開き、六郷・五箇井路の水を寝屋川へ放水する。

六郷・五箇井路は、万治四年（一六六一）に新開池の中に開削されたものである。新開池はその当時、沼地のような状態で水が抜けず、そのために、百姓が泥沼のような池の中に入り、二つの井路を切り抜いて徳庵井路に繋いだ。まさに想像を絶する苦難の末に、築かれたのである。開削当時は、五箇井路を三ヶ村井路、六郷井路を八ヶ村井路と称していた。この一一ヶ村の百姓にとって両井路はまさに命を繋ぐ根幹であった。両井路が交差する長者橋に、「水路の交差点」という樋門が遺されている。ここで両井路の水位を調節したのである。

この両井路は、昭和三十二年（一九五七）六月二十七日の洪水を契機に、コンクリートで護岸改修されて現在の姿となる。それ以後はポンプでスムーズに給排水されるので、洪水になることもなく、人間が水を制御できるようになった。河内における長年の水との闘いの歴史は、この時をもって終止符が打たれたのである。

昭和三十三年（一九五八）ころにあった九〇〇㌶の農地は、現在はわずかに五〇㌶にまで減少している。しかし六郷・五箇井路は今なお灌漑設備としての機能を立派に果たしている。六郷組一三ヶ村は、その後一六ヶ村となり、現在は「拾六個土地改良区」として今もなおこの両井路の水利権を統括し、水路の整備と遊歩道の設置に取り組んでいる。

古い写真は「拾六個土地改良区」提供

徳庵樋門

井路の掘削工事

五箇井路　2019 年

改修中の五箇井路　1957 年

六郷井路　2019 年

改修中の六郷井路　1957 年

長者橋　2019 年

改修前の長者橋　1957 年

徳庵井路　現在の寝屋川

1957 年 6 月の洪水
井路と道路と田が一面の水に埋まる

水路の交差点　藤五郎樋

徳庵のポンプ場

3　村連合と庄屋―薬草巡見への対応

日下村にとって、享保十四年（一七二九）の最大の事件は、八代将軍吉宗の薬草巡見であった。巡見一行は三月に大和へ入ったため、生駒山を隔てた河内では、いつ来られるかと、その準備に大騒動となる。七月に入って巡見なしの結果が出るまでの四ヶ月間、河内の庄屋は村連合を結成し、一行への挨拶、行程の把握と準備に奔走した。その中で庄屋の果たした役割は、多くの村落出入や、新田開発の軋轢によって培われていた能力を、如何なく発揮したものであった。そこに見られた河内の庄屋の地域運営能力というものに注目してみたい。そしてそれが、文政六年（一八二三）から始まる国訴という優れた経済闘争への前段階であったことを探ってみよう。

吉宗の政策―薬草調査

八代将軍吉宗は医学・薬学・植物学などの実学を庇護し奨励した。享保初期から薬草調査のため、丹羽正伯・野呂元丈・阿部将翁・植村政勝らを全国に派遣して採薬させた。享保五年（一七二〇）駒場御薬園を開き、翌六年（一七二一）には小石川御薬園を拡張した。わが国にない植物は種苗を輸入させ、中国やオランダの知識を導入し、多種の薬草の栽植に力を入れた。輸入に頼っていた人参の栽培を始め、国産の普及と奨励に努めた。『東医宝鑑』『和剤局方』『普救類方』などの医薬文献を刊行させ、医療発展に尽くした。これ以後、本草学が盛んとなり、各藩でも薬草園の創設が相次ぐこととなる。植村佐平次政勝は紀州から吉宗に従って奥御庭方となり、享保五年に「駒場御薬園預り」となる。それ以後吉宗の命により三四年間にわたって全国薬草調査に従事する。

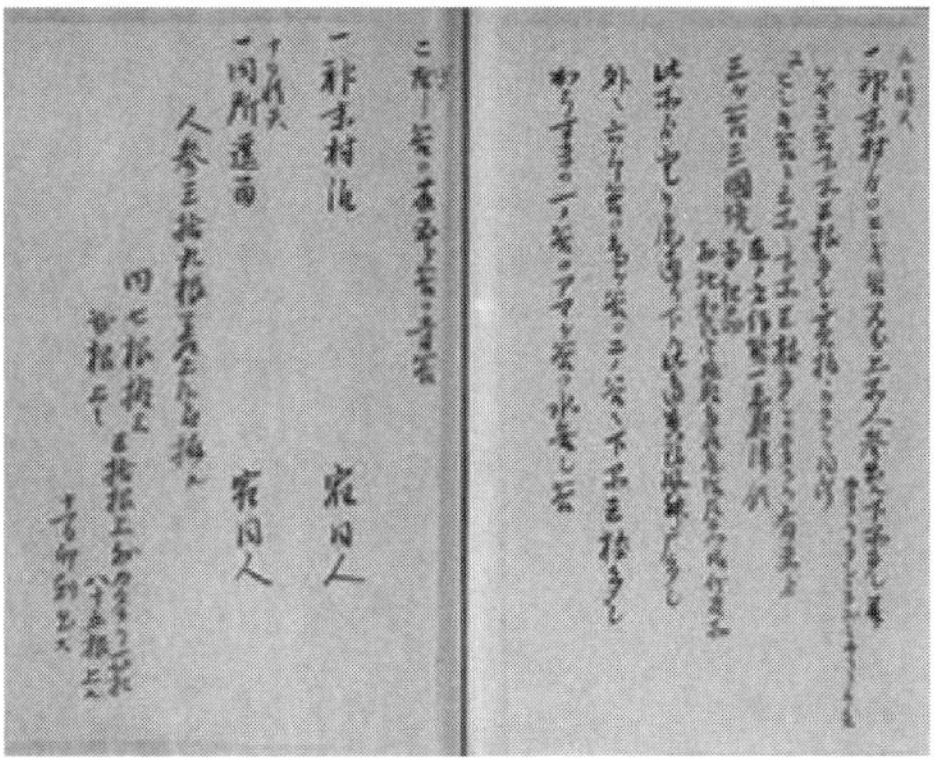
植村佐平次日誌

植村佐平次は、享保十四年三月十八日に江戸を立ち、大和へ薬草採集巡見に入った（上田三平『日本薬園史の研究』一九七二「植村佐平次採薬日記」）。巡見に関する触書は「福壽堂年録」（柳沢文庫蔵）享保十四年三月九日条に、

　植村佐平次薬草御用ニ付、大和一国致廻村候、右国境え入組候所々伊賀・伊勢・紀伊・山城・河内之内へも罷越候

とあって、植村佐平次が薬草御用につき大和一国へ廻村するが、伊賀・伊勢・紀伊・山城・河内五ヶ国の国境への巡見もあり得る、というだけで、詳しい日程などは一切不明であった。

　同年三月二十七日、年貢皆済勘定のために蔵屋敷に出た長右衛門は、薬草掘の役人が大和へ御廻りになるので、河内も隣国であり境目村々にも御廻りあるやも知れず、山根《やまんねき》（生駒山西麓）の本多氏河内所領村々は入用道具などの準備をするようにと申し付けられた。同年四月三日、日下村に蔵屋敷からの廻状が届いているが、これについて長右衛門は記しておらず、内容は不明であるが、用意道具などの具体的な指示が出されたものと思われる。これ以後河内村々の四ヶ月にわたる騒動が始まることとなる。

組合結成

　巡見一行は大和から生駒山か高安山に調査が入る可能性が最も高く、山麓村々はその情報収集と準備に奔走する。この時生駒山西麓は本多氏領分、高安山西麓は淀藩領分が大部分を占め、さらに南の石川郡には佐倉藩領分があり、その間に旗本領が入り組んでいた。淀藩、佐倉藩などは藩領としてまとまり、生駒山西麓では本多氏領分を中心に連合組合を結成することになる。

四月十日、薬草巡見への対応のために、組合を結成することとの了解を、蔵屋敷から得る。同月十四日、北条村へ本多氏領北辺八ヶ村の庄屋が寄り合い、組合結成の相談をする。その内容は、入用道具十人前を南都で調え、和州へ万事聞き合わせに行くことと、巡見があった際に同行する薬草見習いと空掘の人数などの協議であった。大和へ聞き合わせの内容は次のようなものであった。

和刕へ参候者聞合可申事

一薬草見習之者五人之義、河内国ハ深山茂無之候得ハ、御料・私領共道ほと二三里之間ハ不替様ニ可仕候哉

一小鍬・鶴のはし弐色ニ而十人前ニ而能候哉

一空堀之者九人之外ハ入不申候哉、若キ達者成者覚書も仕候得ハ能御座候哉

一薬草かこの事

一文箱之事

一指札之事

右三色は如何様成か能候哉

一青ほそ引、薬草かこをりうきう包ニ仕候をゆひ申事ニ候や、御文はこも包ミて結申事ニ候や、ほそ引何間ほと入申事ニ候や

一りうきう八枚ほとニ而よく候や

一左平次様之外誰様ニ而も御添り被遊候や、御人数ハ何ほとニ而候や、御宿ハ何軒ニ而よく御

座候や、御料理之義いか様成事ニ御座候や

右之品々和劦へ承合ニ人遣候筈

薬草見習の五人や、空堀の九人のこと、鍬やつるのはしなどの道具類や薬草籠・文箱・指札はどのようなものが必要か、籠を包む琉球畳の枚数や包み方、細引という縄が何間必要か、巡見一行にどのような身分の人物が随伴されるのか、その人数から宿や料理の手配など、多岐にわたっている。おそらく蔵屋敷から廻状された内容だけでは、村方では疑問が多かったようである。その解明のために大和榛原へ聞き合わせに行くことになった。

早速同月十六日、日下村年寄治助が村人友七を連れて大和へ発つ。十九日には、河内郡の北端の善根寺村から南端の横小路村までの河内郡山根村々の寄合が豊浦村の道場で行われた。この寄合は本多氏領分だけでなく、河内郡の寄合であった。生駒山中の讃良郡龍間・上田原・下田原三ヶ村が本多氏組合に加入を申し出、この時点で支配領分を超えた連合となる。

この日は委細の相談はなく、とかく河内郡のうち何れの村へ巡見があったとしても、組合村で経費負担することを協議確認する。大和から帰った治助が、生駒山から奈良街道を下り、街道沿いの豊浦村の寄合に出て、大和で得た情報を報告し、一同納得する。三日後の二十二日、治助は蔵屋敷へ報告に出る。蔵屋敷も独自の情報ルートもなく、在地からの情報だけが頼りであった。

薬草御用一行への挨拶

四月初め、薬草御用一行が吉野へ入り、さらに吉野川沿いに南の山奥へ分け入ったので、情報連絡は吉野川が南東へ迂回する接点である大和下市村を拠点とし、下市村庄屋岡谷喜右衛門方に、吉野滞在中の薬草御用一行の情報がもたらされ、そこから情報を待ち受ける河内国各地へ発信された。

河内国では高安山西麓の高安郡恩知村庄屋大東長右衛門が下市村との連絡を受け持ち、本多氏組合へ情報を発信している。恩知村の大東長右衛門は淀藩領一三ヶ村の大庄屋であった。この時本多氏領分を中心とした生駒山根の組合は南北で惣代を立て、北方惣代は植付村与兵衛と日下村長右衛門、南方惣代は国分村伊右衛門であった。

四月二十一日、本多氏の南辺の国分村庄屋伊右衛門から吉野の薬草御用一行への挨拶の指示がある。河内国最南端の大名領が大和の薬草御用一行へ挨拶に上がっているとのことで、本多氏領としても早急に大和へ罷越《まかりこ》すべきとの指示であった。

高安郡村々（現八尾市）は恩知村を中心とした淀藩領であり、石川郡村々（現南河内郡・富田林市）は山田村を中心とした佐倉藩領であり、その他河内国の最南端地域には、大和郡山藩・藤堂藩・小田原藩・狭山藩の領分があった。そうした他領村が大和の御用一行へ挨拶に出ているということで、これは河内国最南端地域の大名領分の動向をつかむことのできる位置にいた国分村から「本多氏領分だけ挨拶に伺わないのはいかがなものか」と蔵屋敷へ提言したもので、「薬草御用の件について、問題なくとりはからうように」との蔵屋敷の意を奉じての指示であった。

この後、国分村庄屋伊右衛門は蔵屋敷役人に登用されている。この年十一月十八日、免定渡しの日に、国分村庄屋である東野伊右衛門が蔵屋敷役人に任命され、国分村に在村し御用の節に蔵屋敷へ詰めることが二〇ヶ村庄屋へ言い渡される。明けて享保十五年（一七三〇）正月六日の蔵屋敷での年頭礼の際、東野伊右衛門は本多氏役人七名と共に上座に座して二〇ヶ村庄屋の挨拶を受けている。

薬草御用の一件以後、国分村の迅速な情報収集と、蔵屋敷への提言という、的確な処置が高く評価され、国分村伊右衛門の蔵屋敷役人任命に繋がったと思われる。国分村は村高一三〇〇石と本多氏河内所領で最大の石高を持ち、三人の庄屋が立っていたが、伊右衛門の持高が最も多く、村内で指導的立場にいた。

大坂に在住する蔵屋敷役人は、遠く離れた河内の情勢はつかみがたく、迅速な在地情報の把握が必須であり、特に河内所領の最南端の村である国分村は、位置的にも他大名領と隣接し、情報収集に好都合であったから、蔵屋敷の情報窓口的役割を担ったものと思われる。

組合惣代吉野奥郷へ

国分村の指示を受けて、早速植付村与兵衛と国分村半七が、二十四日から御用一行への挨拶のため大和へ入り、吉野川をさらに奥へ遡った入《しお》の波《は》（現奈良県吉野郡川上村）という難所で御用一行に追いつく。彼らの記録した道程は次のようなものであった。

酉四月廿四日
一国分村ヲ過　関屋
一新庄　国分より道法三里
一御所《ゴセ》　新庄より壱里
此所ニ一宿　ぬしや九郎兵衛方ニ泊
一戸毛村　御所より一里　俗ニトウゲと云
一川井
一今木村　戸毛より一里

一車坂　鷹取城東ニ見ユ　峯より右下市　左上市・吉野山向ニ当ル、白矢カ嶽辰巳ニ当ル
車坂ヲ登りに発句
うしの跡に付クやつつしの車坂　　四ル
一天皇　　車坂ヲ下りテ
一桧飼本
一土田村　此所より吉野川ヲ右ニ付ル
一越部　川向ニミゆるハ六田《ムダ》
一まし口　よしの等前向ニ見ル
一上市　川向ヒ飯貝、今木より上市へ弐り半、上市ヲ過宮滝とて岩おもしろき気色、岩のはざまに、もずへばし有
一なつみ
一佛がミね　　上り下り五十町
坂半より伊勢ノ高見山ミゆる　仏か峯ヲ下り左ニしらくら山右ニもかやかたけ・あさミかたけ
一谷ニ下り音無川
一西河村《ニジカウ》　上ミ十五りハ流上ニアリ　下モ十五りハ水下ニあり
一せいめいか瀧　戌亥ニ向、廿五間ほと落、五葉の松あり、天皇御添歩の委細縁記ニ有
一大瀧の里　　上市より三里
此所滝上理右衛門ニ一宿
此所吉野川中に滝有、川向よろいかたけ、此大瀧の内ニたちや村助と申者ニ義経殿の太刀有之

よし
　発句　入《シホ》の波《ハ》の遠キヲあがミて
　　　大滝やかうろきずねもかゆたなき　　四ル
一寺尾
一茶元《サモト》　大滝より三十町よしの川左ニ付ル、源氏山南ニ当ル
此源氏山の松ハ切候而も株より二度めを出し候よし
一さこ
清見原天皇のつゝみ石・太鼓石有之よし、さこを過、白矢村川向イ、此所ニ高サ百八十間ノ石
ノ塔有、上ニ五葉の松有之よし
一人知《ヒトジ》
一井戸
一なめ木　　此所ヲ過、川ヲ越
一白川
一和田村　　大滝より四里　此所林六郎兵衛方ニ而昼飯、是より案内ヲ頼、入の波江立
此所ニ和田の岩屋奥へ百三十間、菊の岩屋・不働ノ岩屋・せうてんの岩屋有、シヤツカハラ百
りカケト云、弐ケ所の難所、岩ヲつたひ足のかけともなく、下ハ数丈の谷ニして、水みなきり
身ノ毛も立はかりの難所也、岩ヲトラへはい上ル所五町計と覚候
一舞場《マヒバ》　和田の岩屋百三十間奥へ入ル、松明三挺ともし五人共入申候
一入《シホ》ノ波《ハ》　和田より弐里　此所ニ一宿　此所ニ薬師ノ湯有、湯治ス

此所ニ四月廿六日夜植村左平次様御泊り被成候、此所吉野川筋人家ノ奥ノ端ニテ、是より奥ハ御小屋懸り申候、廿七日ニハ此所より三里奥ニ小屋御懸ケ、夫へ御越被成候、此所ニテ和田村庄屋十兵衛ニ逢、事ノ様子相尋、幸田善太夫様御手代藤井勝右衛門殿へ、御目見へ申委細相尋候

険しい山旅にもかかわらず、きちんとした道中記の形式で俳諧まで挟みながら、道筋の歴史的伝承まで詳しく記録している。河内から南へ国分村を過ぎて、葛城山麓を南へとり、新庄から東の御所で一宿、吉野上市より三里の大瀧の里で一宿する。翌日は吉野川添いに東南の川上に向かって進み、和田村で昼食、その後は岩をつたい、足の掛け所もなく、下は数丈の谷、身の毛もよだつという難所を越えて吉野川の源流に近い入ノ波に着く（図3）。ここで二十六日に植村佐平次が宿泊し、二十七日にはさらに三里も奥に入った人家もない山奥で小屋掛けをしてそちらへ行かれたという。随行していた和田村庄屋と、大和代官幸田善太夫の手代、藤井勝右衛門にお目見えし、挨拶のあとこの後の行動を尋ねている。

入之波　現吉野郡川上村

薬草御用一行が、吉野の人家もない山奥に小屋掛けまでして調査を行っていることに、この時の植村佐平次の職務への意気込みがうかがえる。御用一行には代官手代が随行し、巡見村ではその待遇に気の張るものであった。河内百姓にとってもそれは同じで、足の置き場もないという、断崖絶壁の難所を越えてまで挨拶に行くのである。

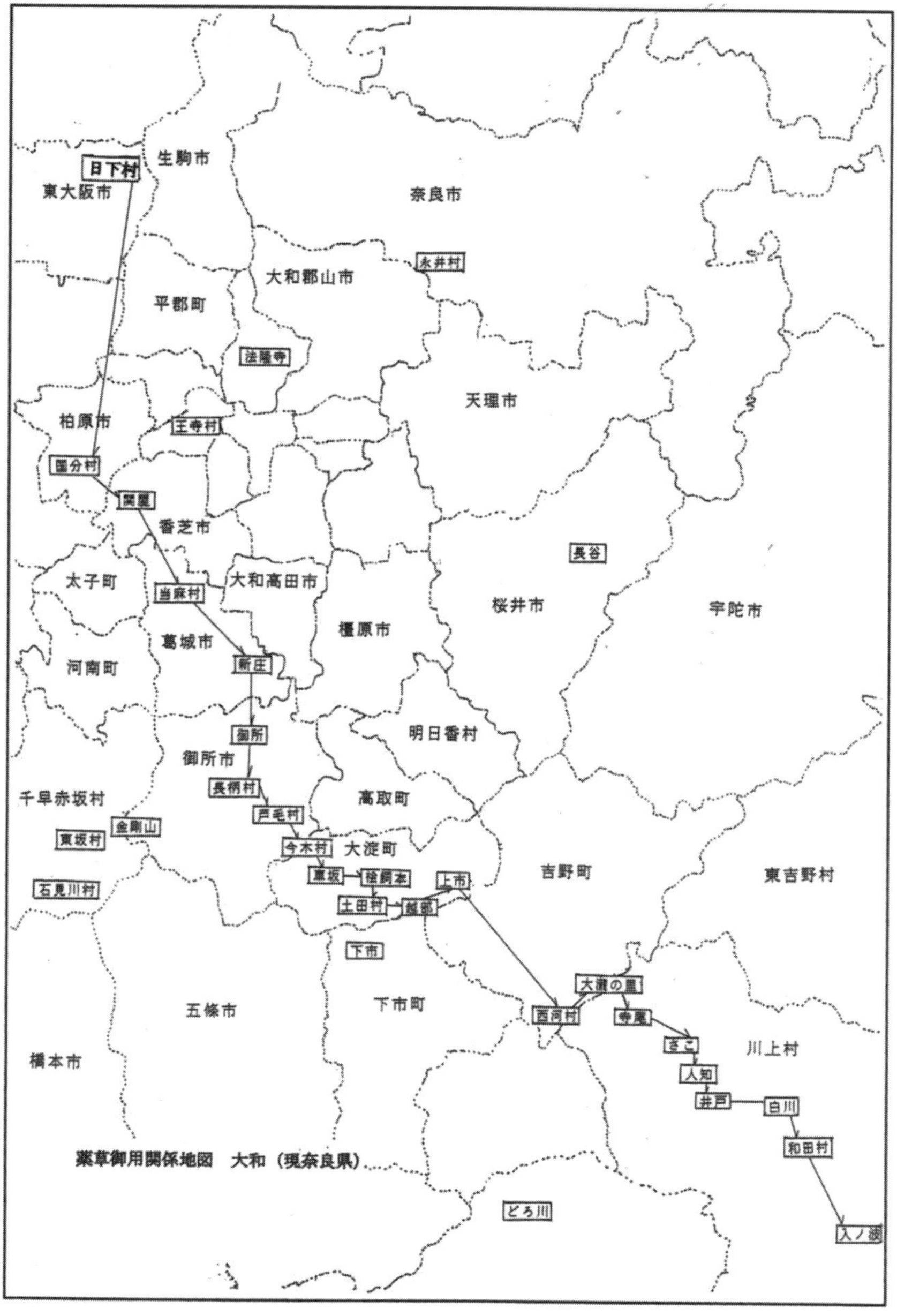

図３　日下村から入之波への道程

この時大和巡見に随行していたのは大和代官幸田善太夫の手代藤井勝右衛門の他に、案内人として下市村庄屋岡谷喜右衛門・畠山栄長・井上孫左衛門・中谷篠左衛門・森野藤助（賽郭）の五名の薬草見習いであった（『日本財政経済史料巻三』１９２４　経済之部三薬園蕃殖方）。

岡谷喜右衛門が、恩知村庄屋大東長右衛門の問い合わせに答え、吉野郡北山郷古瀬村より出した五月十七日付の書状が大東家に遺されている。それによると、

恩知村長右衛門の書状を吉野北山郷西野村天ヶ瀬で受け取ったあと、御用一行に随行し、薬草見習いとして務めている。さらに、御用一行は吉野川源流の川上郷から、さらに西南に下った北山郷へ廻り、にわかに北西の下市で薬草園の土地を見分し、さらに奥熊野から十津川郷まで廻られた。その後十津川郷から北へ、天川郷見分の上、再び下市に戻り、薬草園に植付する分の薬草を確保し、それから大和隣国境へ見分の予定である（「大東家文書」Ｍ－27　大東家所蔵）。

と記されている。山々の連なる難所であり、いかに過酷な行程であったかに驚かされる。下市郷を出るのは、「六月か七月か、はかりがたく」とあり、知らせを待つようにと言っている。追而書には代官手代藤井勝右衛門が腹痛で南都より交代の手代が来る手はずになっているとある。険しい山中での薬草採集には体力も消耗したであろう。

文中の薬園の設置については、森野藤助の記録した「賽郭日記」（森野旧薬園所蔵）によると、下市村願行寺に薬草を仮植えし、七月六日から下市村の平原において薬園普請に従事した。完成ののち薬草木を植付栽培して薬園を完成している。

その後、薬草見習いとして随行したものは御家人に取り立てられ、岡谷喜右衛門・畠山栄長は江戸に出仕した。森野藤助はその後も薬草御用に随行し、享保二十年（一七三五）に「カタクリ」の製造

を命じられ、以後毎年幕府にカタクリを納め、家業とした（松島博『近世伊勢における本草学者の研究』１９７４）。さらに拝領した貴重な薬草種を屋敷裏山で栽培し、現在も森野薬園として存続している。

準備万端整える

五月二十三日、日下村東道場へ寝屋村より池島村までの本多氏領庄屋中が寄り合い、用意道具等の相談をする。さらに五月二十九日には豊浦村道場で河内郡山根の村々が寄り合う。

七月五日、植村佐平次一行が吉野奥郷をしまい、下市へ帰還との知らせが恩知村大東長右衛門より来る。早速十日には植付村与兵衛が国分村へ相談に行く。

七月十一日、植付村道場にて郡の寄合がある。本多氏組合には、河内郡の四条・出雲井・豊浦・額田・神並・芝・植付・日下・善根寺の九ヶ村に竜間・上田原・下田原の三ヶ村が加わり、合計一二ヶ村組合となる。入用負担は村単位で一ヶ村より銀一五匁ずつ先集めし、南都で入用道具、大坂で薬草籠を誂えることなどを決議する。

日下村では御廻りの節の村絵図を用意し、隣村芝村・善根寺村の立ち会いの上で山中の境目《さいめ》に塚を築き、芝村より四条村までの山の鎌留め（草木の刈り取り禁止）を廻状する。採薬に同行する薬草見習い五人を選出し、実際に山へ登らせ、境目、字名などの口合わせをする。森家には大坂の料理屋が御用一行御廻りの際の料理献立の相談に来る。すべて準備に抜かりはない状況であった。

七月十三日、本多氏領分植付村より北の村が北条村へ寄り合う。讃良郡北条・中野・南野・野崎・寺川・中垣内の各村も加入を申し出て、支配や郡を超えた一八ヶ村組合となる。本多氏組合は最終的に本多氏の南辺村々である、国分・舟橋・誉田・古市が加わり、合計二二ヶ村組合となる。

長右衛門が生駒山東麓の俵口村へ薬草御用への準備を尋ねると、何の用意もないという返事。大騒ぎの河内に比べ、のんびりした生駒山里の村の様子が対照的である。領主によって対応に大きな違いが見られる。

見分なしの報告

七月二十日に下市村岡谷喜右衛門から手紙が届く。御用一行は錦織郡石見川村へ入られるのが二十一日に延びたとのこと、その後河州境目見分の上、南都へ廻り、東の山を見分の上、長谷越に伊賀路から阿保越に戻られるはずとのことであった。さらに恩知村長右衛門よりの情報では、金剛山から当麻・龍田・法隆寺より南都へ、山見分の上、長谷という道順とのことで様々な情報が入り乱れている。

翌二十一日、薬草御用一行が下市村を出立し、狭山藩領河州錦織郡石見川村に到着。吉野下市村から真西へ、金剛山の南端の村である。いよいよ御用一行が河内国に入られたということで、河内村々では緊張が高まる。日下村の相庄屋の作兵衛が石見川へ聞き合わせに出立する。翌二十二日には芝村又右衛門より手紙で、南辺からの情報を知らせてくる。一行は金剛山に登った後は長柄村で一宿、二上山・当麻・生駒見分にて南都へ廻るとのこと。本多氏北辺村の寝屋村四郎兵衛と交野郡寺村より、御用一行の予定を早く知らせてくれるようにとの手紙が来る。北辺村々では南辺村よりの情報を待ちかねている様子である。

翌二十三日には、石見川村へ情報集めに行っていた作兵衛と与兵衛が持ち帰った情報を組中へ廻状する。先の情報とは異なり、最終的な行き先は不明であった。翌二十四日、恩知村大東長右衛門より、岡谷喜右衛門から飛脚で知らせてきた内容として、当麻でのお泊まりではなく、龍田にお泊まりのあと南都へ出、長谷までの山々見分の後伊賀路へ向かい、御帰りとのことで、河内への見分はない模様とのこと。国分よりの情報では、龍田で一宿のあと南都へ廻り、「尼上山《（二上山）》・信貴山・生駒山へはおいでなされぬよし」とのこと、いよいよ河内は見分なしの様子である。長右衛門は早速南北組中へ、生駒山へは御廻りない模様であるが、現地へ確認するまで待つようにと廻状する。

　これまでの張り詰めた空気が解けほっと安堵の気持ちが河内村々に流れたが、二十三日に帰ったばかりの日下村作兵衛、植付村与兵衛に籠人足を添えた五人が早速に龍田辺に滞在中の一行へ情報を確かめに行く念の入れようである。幕府役人への対応に手落ちは許されないのである。翌二十五日作兵衛が帰り、王寺村から大安寺へ廻り、この辺は御廻りなしとの確証を持って帰る。早速南北組合村へその旨廻状する。「此辺ハ逃れ申し候」という文言に人々の安堵の気持ちがうかがえる。

　その後、村では山の鎌留めを解除し、二十六日には蔵屋敷へ顛末を報告し、薬草御用一件がすべて終了となった。蔵屋敷では御留守居役の吉田助左衛門はじめ数名の本多氏役人が、植村左平次一行へのご挨拶のために国分村へ向かうところであったが、御廻りなしの情報を伝え、出立を止めさせる。この日、大坂の八百屋与三右衛門と、さかい屋三郎兵衛の料理屋二人が、薬草御用御廻りなしのお祝いに来る。河内村々は三月末からの四ヶ月をこの問題に振り回された格好であったから、緊張から解放されてまさにお祝いの気分であったろう。

四ヶ月の徒労

　この一件の大騒ぎの原因は何といっても、幕府の事業でありながら、巡村予定の詳細を公表していなかったことが大きい。この年五月に「五畿内志」編纂のための並河五市郎の廻村があったが、この時の触書は大坂町奉行所・蔵屋敷・郡代と三カ所から通達があった。だがこの植村佐平次巡見の触書は、郡代や大坂町奉行所からは廻状されていない。蔵屋敷から「河内へ御廻りあるやも知れず、準備を心得るように」と、用意道具の廻状が出されているのみである。勿論本多氏の藩主は幕府の奏者番を務めており、幕府派遣の植村佐平次巡村の情報は知り得る地位にあり、それは大坂蔵屋敷へも伝達されたはずであるが、その日程や行動の詳細は知らされていなかったと思われる。

将軍直属の「奥御庭方」出身であり、「駒場薬園預り」の植村佐平次の御用見分となれば、現地の最高指揮官が随行する必要があり、迎える代官・領主の緊張も特別なものがあったに違いない。特に幕府直属の役人が領内山野を探索するとなると、各地域でも少なからず危機感を持ったはずである。

植村佐平次の薬草見分記録には「隠密御用」「内々御用」という記述が一〇ヶ所見られ、各地の水害のあとの状況などの情報を集めていた（「近世国家の薬草政策」『歴史学研究』６３９号）。このことからも、領主にとって戦々恐々のものがあったと思われる。この領主の動揺はそのまま村々へも伝わり、それぞれに情報収集に躍起となり、大騒ぎとなるのも当然のことであった。

河内国村々では七月に入ってからの動きは益々緊迫し、いつ来られても準備万端抜かりないという状況であったが、一転して見分なしとなったのである。本多氏役人でさえ、薬草御用一行の本多氏領見分に備えて挨拶と随行のため蔵屋敷を出立するばかりであったが、村方からの知らせで急きょ取りやめる有様であった。

大和での巡見では、一行に随行した森野藤助が、その後幕府から薬草六種を拝領して、自ら採取した薬草とともに、現在の大宇陀町にある自宅の背後の台地の畑に栽培し薬園を作ったが、それ以後、

森野薬園

唐種を中心とした貴重な薬用植物の栽培を行う。藤助に始まって森野家は代々薬草の研究と薬園の整備に努め、現在でも「森野薬園」として存続している。

後世にまでこうした成果を挙げた大和に比べ、河内は本多氏を中心とした組合連合だけで、入用銀高四三九匁五分三厘を費やし、二二ヶ村の四ヶ月にわたる奔走が徒労に終わっただけであった。

組合結成と運営

この四ヶ月間、郡中組合を結成し、惣代を立て、下市から吉野の山奥へ分け入り、情報収集と準備に明け暮れたのは各村の庄屋たちであった。情報発信基地となった下市村へは各郡惣代からの問い合わせが殺到し、下市村庄屋岡谷喜右衛門は自らも一行に随行し、情報伝達に超多忙の日々であった。

それを受けた恩知村庄屋大東長右衛門がさらに北河内の連合組合に情報を伝えたが、彼は淀藩領一三ヶ村の大庄屋として、その取りまとめにも奔走したわけで、いずれの庄屋衆にとってもこの時の多忙は想像に余りある。この時本多氏組合に参加したのは最終的には二二ヶ村であった。その領主ごとの内訳は次の通りであった（図4）。

本多氏領―河内郡日下・芝・神並・植付・額田・出雲井（以上現東大阪市）・国分（現柏原市）・舟橋（現藤井寺市）・誉田・古市（現羽曳野市）・讃良郡北条（現大東市）以上一一ヶ村

旗本領―四条（彦坂氏領、現東大阪市）・豊浦（小林氏領、現東大阪市）・中野（久貝氏領、現大東

市）・南野（三好氏領、現大東市）以上四ヶ村

他大名領―讃良郡野崎・寺川・中垣内・龍間（以上四ヶ村郡山藩、現大東市）・上田原・下田原（藤堂藩、現四条畷市）以上六ヶ村

幕府領―善根寺（現東大阪市）

他領村が半分を占めていたが、本多氏領の組合結成に際して、周辺村が参加を申し出たわけで、本多氏領村が主導した。他領から参加した小さな旗本支配村々にとっても、単独でこの大事に対処することは困難であり、近辺の組合に加入するしか方法はなかった。検見巡見などで、領主役人を迎えるのには慣れていた村々も、将軍直属の役人を迎えることは初めてであり、その不安と緊張は想像を絶するものがある。組合結成に向かった村の思いはそこのところで一つであった。組合結成間もない四月十九日に、河内国のうち何れの村へ巡見があったとしても、組合村全体で負担対処することを申し合わせているが、そのことが最も大きな懸案であった。

河内国の淀藩領分、佐倉藩領分なども独自に組合を結成した。その他の村は、郡で結合し惣代を出している。讃良郡惣代は寺川村庄屋、交野郡惣代は岡山村庄屋と私市村年寄が務めた。私市村は日下村と同じ本多氏領であったが、この本多氏領を中心とした組合に加わらず郡による結合を選択した。

私市村が属す交野郡は、領主的結合と、神社の宮座としての五ヶ村連合、枚方宿助郷二八ヶ村連合などの他に、地域的に展開する諸問題、例えば、「奉公人給米取決め」のための九ヶ村連合や「菜種の他国販売自由化訴願」のための一三ヶ村連合など、複数の村落結合を成立させていた（薮田貫『国訴と百姓一揆の研究』１９９２）。享保の時代にも本多氏としての領主性原理よりも、それ以前に成立していた地域性原理の結合を選択する方が自然であったのである。

図４　巡見組合村明細　下線の村々

本多氏組合は北の讃良郡から南は古市郡までの三〇キロに及ぶ地域であった。その運営はそれぞれの地区で惣代を立て、情報が共有された。大和下市村からの情報は南方惣代国分村に入り、そこから北方惣代日下村へ発信され、日下村から南北村々へ発信された。

本多氏領分を分断する形の高安郡淀藩の大庄屋大東家が独自に下市からの情報を受けており、そこからも国分村と日下村に発信され、より確実な情報が組合村々へ発信された。日下村長右衛門は、この組合に加入していなかった本多氏の北辺村々、寝屋村や寺村へも情報を流している。つまり、日下村は組合村に限らず、交野郡・讃良郡といった北河内村々の情報発信基地ともなっていたのである。

村々の対応

本多氏組合では四月の入之波への御用一行への挨拶に始まり、五月から七月にかけて頻繁に寄合を持ち、情報収集のため、日下村庄屋作兵衛・植付村庄屋与兵衛が幾度も大和へ出かけ、確実な情報集めに必死であった。長右衛門は惣代として後方事務につき、組合村への情報発信に努めた。村では田植え後の水番が始まり、それでなくとも多忙を極めるこの時期の大仕事であった。御用一行の動静に振り回された緊迫の日々であったから、一転御廻りなしとなった時の村々の安堵は想像に余りある。

薬草御用に対する村落の対応はどこでも緊張を強いられるものであったが、貧しい山中の村では、御用役人の宿泊にも、諸道具にもこと欠くありさまであった。植村佐平次は享保十三年（一七二八）四月に四国に入ったが、徳島県那賀町木頭出原の近藤家の古文書では「駕籠の通行もままならぬ難所であり、宿といっても畳や薄縁を持つ家は一人もなく、諸役人大勢でお越しなされても、道普請をしなければならず、その道人足の泊まる宿もなく、燭や諸道具を調えることもできない」と実情を訴えている。
一方で「道夫高千五拾人」として明細が挙げられており、道普請のためにのべ一〇五〇人の人夫が動員されたことがわかる（『阿波学会研究発表紀要16号』阿波学会　１９７０）。満足な道もない険しい阿波山中の村での、畳や燈火もない厳しい暮らしの中で、幕府役人を迎えることが、いかに困難なものであったかが垣間見られる。御用一行を迎える村々は、どこでもこのようなかつてない動揺の中にいたのである。

組合入用割賦

八月末には組合村が植付村道場へ寄り合い、薬草御用にかかった諸入用の割賦をする。

組合村之覚
中ノ村　南ノ村　北条　野崎　寺川　中垣内　龍間
上田原　下田原　善根寺　日下　芝　神並　植付
額田　豊浦　出雲井　四条　国分　舟橋　誉田
古市　合弐拾弐ケ村
村高合壱万三千五拾五石六斗五升四合
山高合百六拾六石壱斗八合
但山銀ハ壱石四十目かへニ米ニ直ス
入用銀高四百三拾□《九》匁五分三厘
内

五匁　水桶壱荷払候代引
弐匁　薬草籠壱荷払候代引
弐拾五匁　道具代并損料三ツ割ノ壱分
　交野郡へ掛ルニ引
三拾匁　八百屋与三右衛門へ遣候銀、是ハ河内郡九ケ村、上田原・下田原・龍間十弐ケ村
　かゝり故引
拾匁　豊浦道場寄合両度ノ茶代、右同断
　十二ケ村懸り
残三百六拾七匁五分三厘
　百廿弐匁五分壱厘　村割掛り
三割　百廿弐匁五分壱厘　高掛り
　百廿弐匁五分壱厘　山高掛り
外ニ
十弐ケ村分　追村割懸り　三匁三分弐厘ツ、
日下村懸り　廿壱匁壱分三厘
日下村取かへ　七拾壱匁

村高に山高を加え、山銀は米に換算して加えている。入用によって負担村を分け、買い入れた道具

の損料まで考慮し、さらに村割、村高、山高と、三種の掛け方で公平を期している。この緻密な計算で村々から不満が出ないように考慮された入用の割賦方法は、それまでの村落結合で幾多の経験を重ねてきた経験があったからこそ可能であった。この地域では徳庵組四二ヶ村という河内国の過半を占める水利組合で、四二ヶ村の村々が共同で行う水利普請の割賦を公平に分担してきた。

河内においては領主性原理では十分対応できない問題には、地域性原理によって自由な村落結合が可能であった。地域性原理の村連合では高割・村割の他に家割によって負担の均衡化を図っていた（薮田貫『国訴と百姓一揆の研究』１９９２）。家割は百姓個人が受益者となるという意味を持ち、地域の暮らしの中から生まれてくる共通問題への対処、という役割が明確になっている。今回の薬草御用組合でも村高と山高に山銀を加え、掛け方も三種に分け、公平な受益者負担という誰もが納得する割賦となっている。

村田路人氏が、「村連合での郡中議定は地域社会に共通する課題を、広範囲の村々が共同することで解決しようとするもので、その手続きは民主的で、村々の意思が平等に反映されるシステムであり、入用も全体で負担し、それが村連合における強制力となっていた」（村田路人「近世社会論」『日本史講座』６巻３近世諸権力の位相　１９８５）とする構図がここにある。

河内における複合的な結合が、互いに関連し合って河内の地域社会は成り立っていたのであり、それによって複雑で多様な問題への対処が可能となっていた。それが今回の将軍直属役人の巡見という、これまでにない緊迫した問題にも、いち早く組合結成に持ち込み、その経費負担についても、すでに経験済みであった合理的な方法で対処したのである。

河内の村連合システム

八月末の組合での総費用の精算で、入用高四三九匁五分三厘のうち、日下村掛り二一匁一分三厘であった。そのうち、日下村取替分が七一匁あり、差し引き返却分の方が多かった。日下村の、惣代としての役割の大きさを示している。だが村の負担として金額的には大したものではなかった。村々にとって初めて迎える幕府役人への対応が、いかに緊張を強いられるものであったか、幕府権力への服従しかない時代、それぞれの村の庄屋にとっても精神的な負担の方が大きい事件であった。それが組合結成への大きなエネルギーとなったと言える。

とりわけ徳庵組四二ヶ村という、大和川付替えの大事業を経験した水利組合を擁していた河内では、こうした連合のあり方は、すでに水利をめぐる幾多の訴願闘争で経験済であり、惣代への権限委任によって、広範囲の村々の意思が結集するシステムはすでに築かれていた。これがもっと大きな問題であれば他の大名領や郡とも結集したはずで、より大きな郡中組合の可能性は、この時にすでに存在し、そのエネルギーは醸成されていたと言える。

河内の庄屋たちが、水利という農業経営にとって命とも言える問題とともに、こうした将軍直属役人の巡見というこれまでに経験したことのない案件についても、村々の結束によって乗り越えたのである。幾度もの困難な問題に根気良く協議を重ね、解決に導いてきた多くの経験が、成熟した地域社会の実現に結びついた。

享保時代に培われた、村連合システムの智恵と経験が生かされ、十九世紀から、地域の暮らしに直結する問題の議定制定の場として郡中寄合が成立する。それは錯綜した支配領域を越えた地域性原理による結合を可能にし、国訴と言われる広範囲な村々の訴願に繋がった。

文政六年（一八二三）六月、大坂の三所実綿問屋の流通統制に対し、実綿の自由売買を求めて摂津・河内国一〇〇七ヶ村が結集して訴願運動を繰り広げる。この国訴に勝利した村々は、菜種油についても、株仲間の不当な市場価格操作と流通独占に対抗し、正常な価格による直小売を要求して、同七年（一八二四）にこれまでで最高の摂河泉一四六〇ヶ村が結集した国訴を展開した。しかし大坂の油市場の独占を保証した「明和の仕法」に背くとして願い下げを命じられた。その後も綿・菜種・肥料をめぐって、安政期（一八五四―六〇）から慶応期（一八六五―六八）の国訴の高揚となって展開していく。

こうした国訴では、支配代官ごとに「郡中惣代」を立て、「頼み証文」を差し入れ、惣代に訴願手続きのすべてを委任している。このことで大勢の村人が奉行所へ押しかけるという混乱を防ぎ、村々の訴願経費の軽減を目指したものであった。この国訴惣代制を「代議制の前期的形態」とし、ここから近代議会制度における、代議制が展望できると評価されている（藪田貫『国訴と百姓一揆の研究』1992）。

河内の地域社会の先進性が、必要経費の軽減と公平負担のための協議によって惣代制という秩序ある組織運営を行い、近代議会制度に繋がるシステムを生み出し、国訴という高度な経済闘争を実現することとなったのである。

4　河内の地域社会と庄屋

日下村庄屋長右衛門は木積宮の祭祀組合においても、本多氏支配組合においても、徳庵組水利組合においても、有力者として惣代を務め、複雑な問題解決にあたった。様々な結合での連帯感と使命感、利害調整の豊富な経験と優れた手法が、河内の庄屋の高い地域運営能力を培っていた。

翻って本多氏の国許沼田での状況を見ると、前述のように城付所領として領民は本多氏の強力な封建権力にもとづいた一円支配を受け、理不尽な圧政に対して江戸への直訴という手段しかなく、しかもその道は、藩主が幕府高官という事情により、体面の維持を至上命令とする藩によって、ことごとく閉ざされるしかないものであった。沼田領民の目は藩という強権一つに向けられるしかなかった。

それに引きかえ、河内役知では畿内の経済的安定により、領主との間に沼田でのような軋轢が生じることはなく、領民の視点は広く開かれていた。長右衛門の目は、姻戚と支配関係によって、大坂の町人社会と武士社会、さらに複数の組合を通じて河内の地域社会へも向けられていた。

日下村の祭祀組合は五ヶ村、支配組合は二〇ヶ村、水利組合は四二ヶ村と、複数の組合によって結ばれていた地域は、茨田・交野・讃良・河内・若江・高安・安宿部・古市の河内国の八郡に至り、河内国全体の約二分の一を占める。しかも幕領・大名領・旗本領が細かく錯綜していたから、長右衛門はこの組合寄合を通じて、広範囲な地域社会の生の情報を的確に把握していた。

河内の庄屋の経験の豊富さと視野の広さが、歪みのない公正な地域秩序維持に機能した。いわば畿内の先進性と非領国性がもたらす恩恵の中で長右衛門たちは、関東の城付所領よりはるかに開かれた、自由な地域社会を築き上げていたと言える。

本多氏河内領分においては、支配に関与する大庄屋は存在しなかった。本多氏の用聞としては萬屋善兵衛がいたが、彼の用聞の機能としては奉行所からの呼出のみで、本多氏支配に関する機能は果たしていない。本多氏二〇ヶ村の郷宿としていせ屋惣五郎がいたが、彼の本多氏支配に関する機能としては、触書の伝達を受け持つ飛脚としてのものと、本多氏二〇ヶ村の郷割の際の招集のみであった。

本多氏河内所領においては、用聞や郷宿のような中間支配層は必要とせず、領主と領民の間で、庄屋を介して直接支配が行われていた。だがこの構図は享保という時代と、本多氏の役知としての二六年間にわたる、大名支配という制約の中でのことである。日下村が幕領となった享保十五年（一七三〇）以後、平岡彦兵衛代官の用聞としての大和屋又右衛門が、代官と村方を繋ぐ位置にいて、年貢収納についても村方出入についても、代官の権威を背景にして在地支配を請負っている。特に享保二十年（一七三五）に日下本郷と布市郷との間で猟師の給銀をめぐって長年揉め続け、布市郷で独自の庄屋を立てるに至った争論については、用聞大和屋又右衛門が仲介に乗り出し、双方との対談に出向いている。

平岡代官支配地は九万石という広大なもので、支配機関としては脆弱であり、短期間で交代するという状況下にあり（安岡重明「畿内における封建制の構造」『日本封建経済政策史論―経済統制と幕藩体制』１９５９）、一万石二〇ヶ村の本多氏支配におけるような、領主と村方との間の密接な関係が築かれる素地はなかった。幕領における代官は、河内にあった村役人層の勝れた地域運営能力を支配に取り込むことはできず、いわば幕領という支配構造自体が用聞という中間介在者を必要としたのである。その背景にあったものは、一つには幕領であれ、藩領であれ、領主の在地支配機構の貧弱さであり、もう一つは、支配機構の末端としての庄屋の立場の転換が考えられる。

近世初頭の村方騒動を経て、庄屋の立場は、それまでの領主側から百姓側へと転換を余儀なくされ（水本邦彦『近世の村社会と国家』１９８７）、この支配の末端機構の権力側からの離反に伴って、領主の支配貫徹のためには別の機構を必要とした。そこに惣代庄屋や大庄屋といった中間層が登場することになる。特に都市大坂においては、豊臣政権と、徳川政権による二度の大坂城築城の際に、普請を受け持った大名と結びついて、必要な材料や人足の手配を請け負った町人がいたわけで、その延長線上に、用聞のような支配代行機能を提供する職業が発達してくるのは当然のことであった。足立家が大坂城石垣普請を契機に土佐藩と結びつき、大名貸しに至ったことがそれを示唆するだろう。

国政が農工商社会と隔絶された武士の身分的職掌であり、武士の政治的支配が忠と同化されていることは、支配者自身の明言するところである（「本佐録」『日本精神文化大系上』１９３４）が、そこには、行政官僚になりきれない、戦闘集団である武士身分が百姓身分を統治するという、近世幕藩体制の支配構造の根幹に根ざした矛盾が厳然と存在する。その部分を埋めるために、幕府は専門技能を有する多くの被支配身分を登用し、行政実務を担当させた。幕府の地方行政機構は、代官所の手代や大庄屋などの百姓身分や、用聞・郷宿などの町人身分といった、在地の被支配身分の行政実務能力を必要とした。さらにその上に、惣代庄屋を頂点とする領主性原理の村連合や、郡中という地域性原理の村連合といった地域社会に依存することで、幕府の地方行政は成り立ったのである（藤田覚「幕府行政論」『日本史講座』６近世社会論　２００５）。

本多氏河内所領においては、そうした中間層を必要とせず、日下村庄屋長右衛門に代表される本多氏河内所領の庄屋層が、領主支配を直に受け入れていた。岩城卓二氏は、「村役人層が支配者と交渉する場合に、用達の情報や交渉能力に依存し、村役人は用達と結びつくことで政治力を獲得し、発揮できた。村の自治能力の積み上げだけで、主張を実現する政治力が獲得・発揮できるとは思えない」（岩城卓二『近世畿内近国支配の構造』２００６）としている。

しかし河内の庄屋は、幾多の複雑な水論を裁き切り、新田開発という新たな軋轢を生じるものにも能力を発揮した。その上に大坂の町人社会や武士社会との密接な交流によって広範囲の情報を収集し、それを的確に分析し、日下村庄屋長右衛門のように、用聞同士の問題を解決するほどの政治力を備えた人物もいた。用聞の能力とされる情報収集力、交渉力、町奉行所役人との人脈などは、長右衛門たち自らがすでに備えていたのだ。河内の庄屋は、幕府が在地行政のために民間から登用しなければ得られなかったもの、円滑な支配に必要な在地の知識、広範囲な情報収集力、実務行政能力、それらすべてを自前で備えていたのだ。

そして、複雑な村落出入を裁き切り、新田開発を牛耳った河内の地域社会は、薬草巡見組合のような、その都度起こってくる諸問題に迅速に対処し、地域管理と秩序維持を受け持ち、地域住民の暮らしの成り立ちを図った。河内の地域社会はさらに大きくその輪を拡大し、庄屋の経済活動と姻戚で結ばれた大坂という都市社会をも巻き込んでいた。それが河内の地域社会と庄屋の能力をさらに高いものに押し上げた。

大坂という経済都市において、大名貸で武士に頭を下げさせ、武士の財政困窮を身をもって知り抜いていた大坂町人は、身分制が巨大な虚構に過ぎず、現実にものを言うのは経済力であることを覚っていた。どこかで武士というものを侮っていた、大坂という都市の空気を、日下村長右衛門たちも吸っていたのだ。

その上に長右衛門たちには武士という支配層を支える社会の基盤としての「御百姓」意識もあったはずである（深谷克己『百姓成立』１９９３）。この状況下にあって、河内の庄屋が領主という一つの支配権力側に取り込まれることはなかった。長右衛門たちは純粋に百姓側に立つ立場を維持しつつ、建前としては権力に服従しながら、実際には支配者と本音の部分で取り引きしていたのだ。それによって身分や立場からくる軋轢を自らが解消し、直接に支配を受け入れていた。村々の上に立って領主との間を仲介する中間層を必要とせず、用聞や郷宿が何の機能も果たさずとも、支配者と被支配者の間には円滑な意志疎通が図られていた。

河内の庄屋と地域社会が、本多氏行政の中核を担ったのである。いわば河内の庄屋の能力と、成熟した地域社会があってこそ、非領国地域とされるこの河内において、本多氏の領国的支配が実現していたのだと言えよう。

日下村長右衛門たちが、享保時代に都市大坂を巻き込んだ広範囲な地域社会を築き上げ、先の見えない複雑な問題を、根気良く協議を重ね、解決に導いてきた経験が、次の新たな段階を生み出す。近世後期から、地域に起こってくる共通の問題への対処のための郡中寄合を成立させ、惣代制というこれまでにない方法によって、国訴という成熟した経済闘争を実現した。この近世社会の到達点とも言うべき、民衆の自主的・民主的な地域社会運営が、近代議会制度への萌芽として評価される。

河内において、高度な地域運営システムを実現し、そこから近代社会への足がかりとなり得るほどのものを生み出したのは、領主支配を直接に受け入れ、都市大坂からの最先端の恩恵によって、武士や町人と並び立つ能力を獲得していた、河内の庄屋が築き上げてきたものが原点となったのである。

四　村の暮らしと庄屋

『森家日記』に見る庄屋長右衛門の姿は、常々、村人の様々な事情の中に深く入り込み、村の平穏無事な暮らしの維持に力を注ぐリーダーとしての使命感に溢れたものである。日下村の日々の暮らしの中で起こった様々な出来事や事件を追って、長右衛門の活躍を見ることにしよう。

1　八代将軍吉宗の日光社参

吉宗の政策

享保十三年（一七二八）四月、八代将軍吉宗が日光社参を挙行する。将軍の日光社参は、四代将軍家綱の寛文三年（一六六三）以来六五年ぶりのことであった。吉宗が将軍に就任したころは幕府財政が逼迫し、いわゆる「享保の改革」という政策が強行された。享保七年（一七二二）に窮余の策としてとられた「上米の制」は、諸大名に対し、一万石について一〇〇石を上納させ、その代わりに、参勤交代の江戸在府を半年に減ずるというものであった。この政策はかなりの実績を上げ、短期間で幕府財政を黒字に転ずるものとなった。しかしこれまでに例を見ない大名への課税であり、軍役としての参勤交代を半減するというものであったため、幕府権威が地に落ちた感は否めなかった。

この情勢の中、幕府にも大名にも多大な負担を強いる日光社参という一大イベントを行った背景には並々ならぬ吉宗の意図があった。享保時代はすでに開幕以来、泰平の一〇〇年が過ぎ、武士本来の「兵」としての機能は要求されず、官僚化が進んでいた。特に五代将軍綱吉の「生類憐みの令」は、

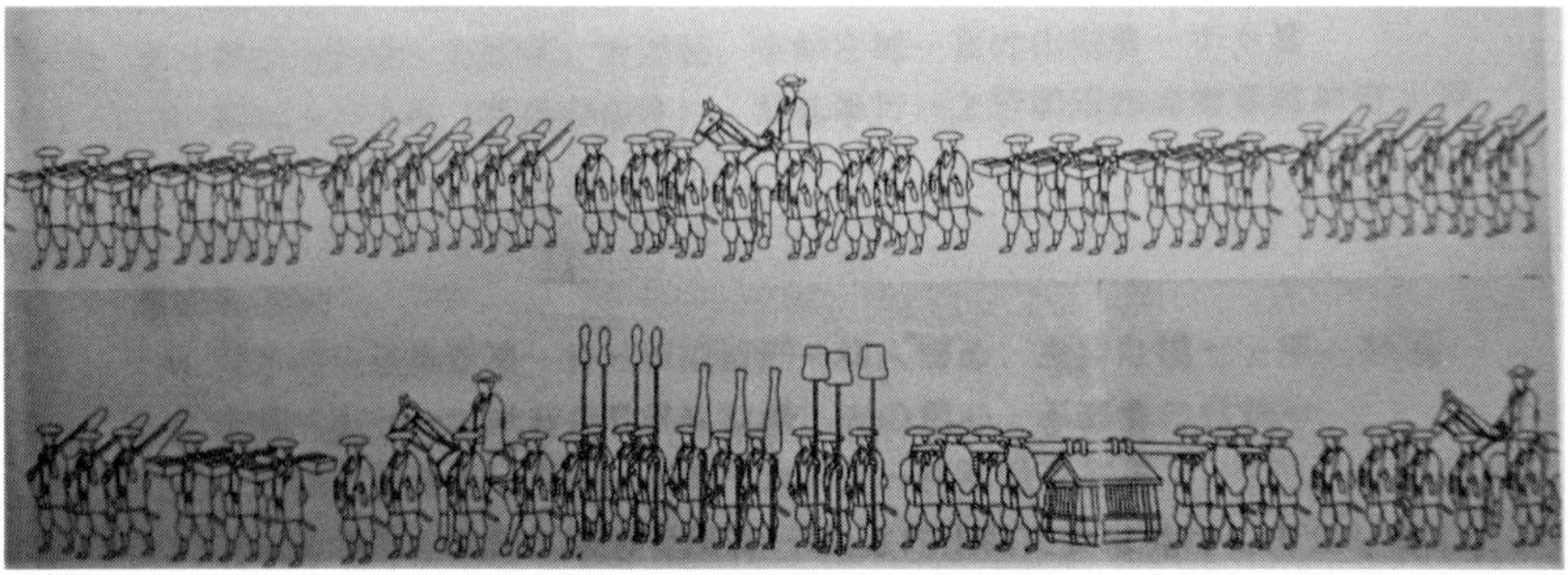

合戦で敵の首をかき切ることが誉れとされた、武士の「兵」としての本質を真っ向から否定し、重要な軍事訓練であった鷹狩は禁止となり、武士の軟弱化が進んでいた。ここで人心を一新し、武士としての原点に立ち返らせる必要があった。将軍の軍事指揮権の発動であり、大名への最大の軍役動員である日光社参は、武士の泰平慣れに一石を投じ、封建主従制の根源にある、ご恩奉公の倫理を再確認させるための有効な手段であった。それは将軍への忠誠心を強化し、幕府権威の復活に繋がるものとなる。それこそが吉宗の目指したものであり、幕府が更なる改革を強力に推し進めるための原動力となるものであった。

日光社参挙行

この時の日光社参の規模は、供奉者一三万三〇〇〇人、関八州から徴発された人足二二万八〇〇〇人、馬三二万頭と言われる。費用は十代家治の安永五年（一七七六）の時の記録で二二万三〇〇〇両と言われ、この時もそれに匹敵するものであったと思われる。泰平の世では軍役動員、隊列編成に不慣れのこともあり、五日前に江戸城吹上で行軍演習が行われ、吉宗も閲兵している。

出発当日、四月十三日はあいにくの大雨であった。江戸市中主要な橋七ヶ所を閉鎖し、御成道筋は一切人留め、というかつてない厳戒態勢が敷かれる中、奏者番秋元但馬守喬房が午前〇時に先駆け、同じく奏者番日下村領主本多豊前守正矩が続く。吉宗は二〇〇〇人の武士に守られて午前六時に発駕した。最後尾の老中松平左近将監乗邑が江戸城を出たのは午前十時で、実に一〇時間を要する行軍であった（『栃木県史』通史編４　近世１９８１）。

日光社参道程

御成道筋の庶民には、「男は家内土間に、女は見世にまかりあり、随分不作法にならぬように」（『御触書寛保集成』石井良助・高柳真三）というお達しであった。庶民はひたすら家中で謹慎し、商売も開店休業のありさまであった。一行は、日光御成道の岩槻城・古河城・宇都宮城で宿泊し、十六日に日光山に到着する。十七日が家康の忌日で東照宮で祭祀が行われた。

日下村領主本多豊前守正矩は祭礼奉行を命じられ、この日は将軍の補佐役として緊張の連続であった。まさに一世一代の大役、無事やり遂げて当然、そうでなければ進退にも関わる一大行事であった。供奉の大名たちそれぞれにとっても、事情は同じであったろう。一つ一つの儀式が、何人も犯すべからざる将軍と幕府の強大な権威を顕示していた。それへのひたむきな服従、それだけが生き残るためには是非とも必要な最重要事項であると誰もが感じたに違いない。吉宗の幕府権威の強化という大きな目的が叶えられた瞬間であった。一行はその後同じ道筋を通り、二十一日には江戸城に帰着している。

日光御用銀

日下村領主本多氏は、藩主の日光社参供奉のために、本多氏領分四万石の村々へ二〇〇〇両の御用銀を課した。前年十二月三日に触れられたその内容は

下総弐万石へ金千両、但百石に人足八人、馬弐疋ツヽ、
沼田壱万石へ金五百両　人足馬同断
上方壱万石へ金五百両　即御用に立不申候ニ付人足馬ハ御免

河内領一万石に対して金五〇〇両で、河内村々一万石での割方を行い、石につき銀二匁七分となり、日下村石高七三五石で計算すると一貫九九〇匁となる。これは現代の金にして四〇〇万円前後であろうか。関東の領分では馬、人足もかけられているが、上方は遠方のため免除されている。享保十三年（一七二八）二月に村人から銀を集めて蔵屋敷へ納められた。御用銀は利息を付けて返済されるものであるが、本多氏の財政困難の故か、その翌年から利息の支払いのみで、本銀の返済はなかった。

日下村の厳戒態勢

幕府は前月から日光社参に関する触書を頻発し、「火の用心、不審者警戒のため木戸・自身番の昼夜勤務と、奉公人の欠落《かけおち》防止、新規の奉公人の身元確認」を厳重に命じている（『御触書寛保集成』）。幕府にとって最も避けたい、この期に臨んだ民衆の不穏な動きを誘発させない配慮である。六五年ぶりの大行事であり、長右衛門と村人にとってもすべてが初体験であった。

日下村では四月十三日の出発の数日前から、廻状が続々と到着する。将軍が江戸城を留守にし、一〇万人の武士が従軍する日光社参が、いかに非常事態であったかがわかる。将軍の出発前の十日から、日下村の中心を南北に貫く東高野街道の辻と、南隣の芝村との境の二ヶ所に番小屋を立てさせ、番人三助に昼夜警戒のため村中を見廻らせている。東高野街道という当時の一級国道や、村境は様々な人間が村へ入り込む可能性がある。諸勧進・物もらい・諸商人など、村外のものの入村が禁じられていたから、例を見ない厳戒態勢であった。

将軍が江戸城を出発されると、遠く離れた日下村にも一層緊張感が張り詰める。連日連夜、村役人である庄屋・年寄が会所に詰める。村中に火の用心を触れ廻らせ、不審者を見張らせる。大坂町中では「鳴物停止令《なりものちょうじれい》」が出されたようで、芝居や普請が止まり、夜は町同心が警戒する緊迫の様子が廻状とともに伝わっている。これは「穏便触《おんびんぶれ》」ともいい、普請などの工事や、芝居歌舞音曲の芸能を禁じるもので、いつもは賑やかな大坂の繁華街もひっそりと静まり返っていた。

将軍が日光山に到着されると蔵屋敷からの廻状が続々と届く。「庄屋・年寄・村役人の他出は厳禁、喧嘩口論・火の用心を慎み、物静かにつかまつり」とあり、日下村にも「鳴物停止令」が出されたのである。村でのその規制は、音を伴う商売から家庭内労働にまで及ぶ。祭りは取りやめ、鍛冶屋や桶屋は臨時休業、薪割りや米搗きもやめて、家の中で「物静かに」暮らしたのである。

四月二十一日には、「今日　還御相済候につき町中自身番中番共今晩より無用」(『御触書寛保集成』)の触書が廻る。将軍は日光社参を終え、無事江戸城へ還御となり、その夜から厳戒態勢解除となる。日下村でも連日の会所での警戒が終わり、長右衛門はじめ村人はほっと一息入れる。一汁一菜のささやかな朝食で無事祝いをして、一〇日ぶりにようやく自宅で寝ることができたのである。

無事終了

将軍帰還から六日遅れで、日下村領主本多豊前守正矩が日光から無事に江戸へ帰着された旨の廻状が届くと、早速翌日に長右衛門は蔵屋敷へお悦びに出る。何事があっても領主へのお祝い言上は欠かせない。

この年の十一月、例年の通り年貢率を申し渡される「御免定御渡」のため、本多氏領河内二〇ヶ村の庄屋・年寄が蔵屋敷へ召集された。その折、日光御用無事終了の祝儀に領主から酒を賜わる。吸物・肴三種にて酒宴が催されたが、蔵屋敷で領民へのこうした接待は珍しいことであった。御用銀を負担した百姓への慰労でもあろうが、譜代大名で奏者番という幕府官僚の中枢にあった本多氏にとって、この日光社参という一世一代の大行事を無事に乗り越えた安堵感がうかがえる。

将軍の日光社参という幕府の一大イベントが、生駒西麓の日下村の暮らしに与えた影響は大きなものであった。六五年ぶりの行事では長右衛門たちにとっても戸惑いは多く、蔵屋敷からのお達しに忠実に努め、ただ何事も無く平穏無事に過ぎてくれることだけを願う日々だったに違いない。日下村という山里の小さな村にも、村の要所二ヶ所に番小屋を立て、日夜番人に村中を見廻らせ、庄屋、年寄の村役人が連日会所で警戒にあたる。これまでに経験のない厳戒態勢である。庄屋としての長右衛門にとっても神経を張り詰めた日々であった。

勝二郎疱瘡発病

これですべて無事終了のはずであったが、長右衛門にとって、この最中に大変な事態が持ち上がっていた。それは日光東照宮で最も重要な祭礼が行われている十七日のことである。長右衛門家に飛脚が飛び込んでくる。大坂の小橋屋宇兵衛からの手紙で、大坂の商家野里屋へ養子に入っていた長右衛門の長男勝二郎が疱瘡発病という知らせであった。この知らせは長右衛門家を震撼させる。

疱瘡は当時人々を恐怖に陥れた流行病であり、その死亡率は寛政七年（一七九五）の米沢藩の記録によると約三割に上る。長右衛門家の下女がこの年の二月に疱瘡を発病し、わずか六日で亡くなっている。長右衛門にとっては日光社参という、庄屋にとっても大変な時期の長男疱瘡発病である。日光社参での警戒で、庄屋は他出を禁じられ、長右衛門は大坂へ見舞にも行けず、心労は深まる。

勝二郎の養子先の野里屋四郎左衛門家は近世初頭から質屋年寄を務め、大坂三郷南組惣年寄という重要な役職に就く名家であった。勝二郎は一一歳で養子に入り、この時一六歳であった。ついに二十日になって本多氏蔵屋敷役人田村清蔵へ、勝二郎の疱瘡見舞の許可を願い出る。日帰りで許された長右衛門は翌早朝より大坂へ下る。その途中寝屋川筋の角堂（現住道）で関所が出来ており、舟を乗り換えている。日光社参での警戒でこうした関所が要所に出来ていたのだろう。

内本町橋詰町の野里屋へ勝二郎を見舞う。畿内において疱瘡の伝染性さえ知られていなかったこの時代には、まだ疱瘡患者を隔離するという概念はなく、勝二郎は奉公人も多くいる野里屋で手厚い看護を受けている。勝二郎は一時的に熱が下がり発疹が水疱となっていたが、まだ予断を許さない。高価な高麗人参を与えて大坂の疱瘡専門の医者に治療させている。とんぼ返りで帰った長右衛門はすぐに会所に出て、警戒の陣頭指揮にあたっている。

二十七日には、領主本多氏の殿様が無事帰国の廻状が廻り、翌日には、勝二郎に再び高熱が出て病状が切迫する中、蔵屋敷へ殿様無事帰国のお祝い言上を済ませる。大坂でも疱瘡が流行し始める中、勝二郎は順調に回復していた。しかし、六月に入り、日下村の喜八の息子が疱瘡で死亡する。抵抗力のない幼児はなす術もなく果てていった。勝二郎は一六歳という年齢もあってか全快し、長右衛門家は平穏を取り戻す。長右衛門にとっては、日光社参の警戒中の長男疱瘡発病である。いつの世にも親が子を案じる思いに変わりはなく、庄屋という重責との狭間でその心痛は察するに余りある。

しかし長右衛門はあくまでも冷静に行動し、普段通りに庄屋としての務めに励んでいる。しかもこの度重なる緊急事態にもかかわらず、彼の日記の記述は確かで、勝二郎の病状なども詳細を極め、その冷静で几帳面な性格をうかがわせる。

2　博徒入込み事件――賭博と堕胎

日下村に迷惑な珍客

日下村にようやく春が訪れようとする享保十三年（一七二八）三月の夜も更けたころのことである。日下村の北に位置する枝郷である池端郷の九兵衛の家に突然女が一人駆け込んでくる。この女は板銀一丁出して薬を売ってくれと頼み込む。板銀一丁とは、三〇～四〇匁位の丁銀のことで、現在の価格にして六万円から八万円にあたる。丁銀は秤量貨幣で、豆板銀と合わせて一定の金額にして使用するのが普通であった。こういう使い方は異常であり、この女は普通の女ではないということは、九兵衛にも判断できた。その後から男が入って来て「いかようのゆかりにてわが妻を引き込んだのか」と恐喝に及んだ。どうやらこの二人は一味で、いわゆる美人局《つつもたせ》をして金を巻き上げようという魂胆らしい。しかし九兵衛もそうたやすく騙される訳はなく、庄屋方へその者共を同道させる。

恐喝犯を会所で尋問

翌日になって庄屋長右衛門は、早速事件の当事者を吟味する。堺廻船問屋の加田屋与兵衛方に勤める吉右衛門と名乗る男は「九兵衛方へ私の妻を引き込むとはけしからん、奉行所へ訴え出る！」と変わらず強気で恐喝を続ける。ここらで穏便に収めて何がしかの金銭を出すだろう、という男の魂胆は見え見えで、長右衛門は「勝手次第に訴えるがよかろう」と相手にしない。その男のあとを九兵衛につけさせたところ、なんと日下村の西に位置する枝郷である布市郷の仁右衛門方に入ってゆく。昨日の女も一緒にいる様子。早速帰って注進する九兵衛に、長右衛門は、今度は仁右衛門を呼び寄せさせて尋問する。仁右衛門は「善根寺村の番人権助がこの両人を同道し、飯を食べさせてやってくれと頼むので、知り合いではないが権助の頼みなので飯を食べさせたのだ」と言う。この辺に何か事情がありそうである。恐喝は不成功に終わり、これでどうやらこの夫婦連れは日下村を退散したらしい。村人が、この一件について、これ以後このようなことのないように、方策を講じてもらいたいと、長右衛門へ願い出る。この事件の解決とその後の対策は村にとっての緊急事項であった。

早速翌日から善根寺村の番人権助の取り調べが始まるが、知らぬ存ぜぬでシラを切り通している。しかし吉右衛門と名乗る夫婦連れの旅がらすが布市仁右衛門に世話になっている経過に何か事情が潜んでいるのは明らかであった。とうとう事件から一ヶ月後、他国者恐喝事件に関して、関係村人から詫証文を取って解決に持ち込まれた。布市仁右衛門は、「一輪の諸勝負宿するまじく」という一札、池端九兵衛は「脱躰《（堕胎）》の療治今後一切するまじく」という一札を取られている。この二つの文言がこの事件の真相を明らかにしてくれそうである。

一輪の諸勝負

丁半賭博　宮武外骨『賭博史』

「一輪の諸勝負」とは賭博である。三月朔日の夜に池端九兵衛方へ恐喝に及んだ旅人は、九兵衛方での恐喝のあと、善根寺村の番人権助の手引きで布市仁右衛門方へ赴き、そこで賭場が開帳されたのだ。何人かの村人が参加したと思われるが、その村人は咎められていない。事を大きくせず、村中で納めるための長右衛門の判断でもあろう。

賭博は幕府も再々禁令を出している御法度で、もしこの事件が蔵屋敷や大坂町奉行所の知るところとなれば事は面倒になる。関わった村人全員が重罪に処せられるばかりでなく、村役人である長右衛門も連帯責任を問われる。この事件は内々に決着し、蔵屋敷にも奉行所にも報告されていない。しかし旅の博徒が村人の家で賭場開帳という事実は長右衛門にとっては捨て置けないものであった。

村の番人

この事件の大きな鍵を握るのが、博徒が頼った善根寺村の番人権助である。彼は何者で、博徒との関係はどのようなものであったのだろう。村の番人は非人番と呼ばれることもあり、いわゆる非人に属する人たちであった。村外れに小屋をかけ、野荒し、盗賊の番をし、年に幾ばくかの米麦を村から給与される、いわゆる村の警備を受け持った存在であった。番人は村々に一軒ずつ分散していた。摂津、河内の非人番は多くが大坂四ヶ所垣外《かいと》の支配下にあった。四ヶ所垣外とは大坂の天王寺・鳶田・道頓堀・天満に置かれた非人宿のことである。

近世初頭から都市には雑多な民衆が流入していた。その中には村落共同体の秩序からはみ出した、いわゆる正業に就かない人々、困窮により村から逃散し、また犯罪者や転び切支丹となり、村落を追放された人たちもいた。そうした人々がとりあえず身を寄せ合い、都市の発展とともに、非人集団として成立してゆく。その内部組織が整えられ、その頂点が長吏で、下に小頭、若き者、その下に町々の木戸番を務める垣外非人たちがいた。その内部組織の統制は厳しく、非人番の権利は金銭を伴って取引される番人株となっており、定まった請人の保証がなければ番人になることはできなかった。

非人の本来の生活の手段は町を勧進、物乞いして廻り、何がしかの金銭を得ることで、町の清掃、下水浚えなども受け持っていた。その権利も番株に組み込まれて統制されていた。彼らは町や豪商に抱えられ、垣外番として町の警備を担当し、そして周辺村落へも派遣されたのである。町や豪商に抱えられた垣外番の重要な使命は「非人政道」と言われるもので、外からやって来る非人の悪ねだり（勧進）を排除することであった。彼らの組織外のものが町を勧進して歩くことは権利侵害であり、それはその世界のものに取り締まらせることが最も効果的であった（塚田孝『都市大坂と非人』２００１）。

沖仲仕

この風来坊の博徒が堺廻船加田屋与兵衛方に勤める吉右衛門と名乗っていることも注目される。彼は沖仲仕であったのだ。いくつもの堀が縦横に走り、水運が流通の主体であったこの時代、廻船屋は多くの沖仲仕を船荷の積み下ろしのために雇い込む。こうした浜働きに多くの垣外非人を下働きさせており、沖仲仕は非人世界・博徒世界と切っても切れない繋がりがあった（「四ヶ所の形成と組織」『大坂市史』大阪市3巻　1990）。

力自慢の集まる沖仲仕には力士になるものもいたし、博徒の親分になるものもいたのだ。重労働に明け暮れる沖仲仕にとって、賭博は大いなる楽しみであり、長ドスを帯びて町や村を席巻して廻る博徒の親分の姿はまさに英雄に映っただろう。

村内における賭博の盛行

わが日下村に降りかかった旅の博徒の恐喝事件は、やはりその理に適うものであった。渡世人の吉右衛門がまず善根寺村の番人を頼っていることが、そのことを明白に物語る。番人権助がこの吉右衛門と顔見知りであろうとなかろうと、彼には同じ世界のものの頼みを無視できない事情があった。他国者の村での逗留は御法度でもあり、暫定的に滞在する場合は番人に頼り、それが同じ世界のものであれば内々にする、というのがこの世界の掟であった（塚田孝『都市大坂と非人』）。

賭博で何がしかの金銭を儲けた吉右衛門が、権助にも分け前を与えていることは確かである。取り調べにも頑強にシラを切り続ける権助にはヤクザ世界のものとしての信念があったのだろう。

そして布市仁右衛門も権助の頼みで他国者を家に上がり込ませ、賭博をさせるというのは、いかがな料簡であろうか。摘発されれば重罪に処せられることは明白である。しかし、近世において賭博は庶民の娯楽となっており、警察機構の末端に位置する目明しや番人が、同心などの役人を賄賂で引き込み、その盛んなことは取り締まりに追いつくものではなかった。村落を放浪する博徒は多くそれぞれの余儀ない事情から人別帳から外された無宿者で、彼らは賭博常習者を誘い集団化してゆく。「清水港の次郎長」「国定村の忠治」の講談でも知られるように、幕末には広範囲の縄張りを有する博徒の親分も出現していた。

いつの世にも賭博は人としての道を踏み外させる魅力があり、それに抗いきれない弱い人間も絶えることがない。日下村の三キロ南には河内一宮「枚岡神社」があり、祭礼の際に相撲や軽業の興行が行われ、長右衛門も子供連れで見物している。そうした興行で人の集まる場所には芸人や香具師《やし》とともに博徒が入り込み、必ず賭博が行われた。大坂のような都市に出て遊ぶということがそう簡単ではない百姓には、普段から娯楽らしい娯楽とてなく、賭博はまるで麻薬のように人々を惹き付けただろう。

日下村のような一見平和に見えた村落にも仁右衛門のような、そういう状況が用意されれば賭博に手を出す人はいたし、一夜限りとはいえその輪に加わった村人もいたのだ。普段から村人同士で賭博に興じるということもあったとしたら、それはむしろ当然のことである。しかもプロの博徒の開帳となると、一段と興味をそそられたはずで、彼らはあるいは積極的に、喜んで、一夜の賭博を楽しんだだろう。

日下に限らず河内一帯は木綿という米の二～三倍にもなる収益率の良い商品作物の生産で、かなり銀を持つ百姓がいたことは容易に想像される。そうした情報が裏の世界に伝わらないわけはなく、一儲けしようという風来坊が入り込んだとしても不思議はない。

近世堕胎事情

その次に九兵衛の咎は「脱躰の療治」とあるが、これは音が同じであればどんな漢字でもあてた当時から言えば堕胎のことであろう。では女が駆け込んできた理由もその辺のところにあるのかもしれない。江戸時代、生まれた子をすぐに殺す間引きは東北や中国地方などの貧村に多く見られたことであるが、堕胎の風習もそれに劣らず広範囲に行われていた。

生まれる前に処置することはそれほどの罪悪とは考えない風習があった。その方法としては、刺激を加えて早産させるものと、薬を用いるものがあり、堕胎薬は町で売られていた。豊臣秀吉に仕えた中条帯刀を師とする産婦人科医は、中条流と言われる「子おろし医者」として「月水はやながし」という堕胎を専門とし「朔日丸《ついたちがん》」という堕胎薬を売り捌いて暴利を得ていた。勿論この時代のそうした堕胎が安全であるはずはなく、悲惨な状況で命を落とす女性も多くいた。しかしそれを選ぶしかないそれぞれの事情があったのだ。貞享三年（一六八六）には「子おろし薬」は金一分（約二万円前後）で売られている（立川昭二『江戸病草紙』１９９８）。

女が板銀一丁という高額で求めた薬も堕胎薬であれば納得がいく。間引きは幕府も禁令を出している厳しい御法度であったが、堕胎は隠れて行われていた。日下村においても堕胎薬を置き、またその療治を行う家があったことは、この時代の村落としてはごく普通のことであったと理解できる。ただ他村から買いに来てこうした問題が起こるというのでは、長右衛門にとっては見過ごすわけにはいかず、ここで一札取る必要があったのだろう。

長右衛門の手腕

こうして日下村を騒がせた博徒入り込み事件は内々に収められ、村は穏やかさを取り戻す。庄屋長右衛門には取り調べをするまでもなく、善根寺村の番人権助の立場も、仁右衛門の賭博行為も、九兵衛の堕胎療治もすべてわかっていたはず。村人が隠れてする行為は庄屋だけが知らないということはなかった。しかしそれを見て見ぬふりをするということも必要であった。村人の咎は庄屋の管理不行届きとなり、一身同体の関係なのだから。この事件も詫証文で終わらせることは、あまり波風立てずに決着をつける最上の方法であった。しかも村人への戒めという点では確かに効果が上がっているのだ。

このように、村中で起こる様々な事件に対して、速やかで適切な対応こそが、庄屋に求められる行動であった。どのような事件も庄屋に任せておけばうまくいくはず、という暗黙の了解のもとに、村人の庄屋への信頼感が醸成されていた。

3　若き看坊の自害

長右衛門多忙

享保十三年（一七二八）は中年で災害の多い年であった。夏からの度々の台風襲来で、雨風に打たれて綿の出来が良くない。この時代の主要商品作物である綿が不作という事態は、長右衛門たちにとって由々しき出来事であった。綿不作による減免願いを、何度も蔵屋敷へ訴え出るが、蔵屋敷御留守居役からは思わしい返答が得られない。

そのうち例年の検見巡見が、九月十八日から招提村を手はじめに巡見すると通達が届く。早速同月十三日から長右衛門は相庄屋作兵衛や年寄などの村役人たちと内検見に駆け廻る。本多氏役人の検見巡見までに、田畑の等級ごとに歩刈りの準備をし、立札を立てるのだ。

度々の台風による長雨で御普請所（幕府が土木工事を行った河川堤）の破損があったようで、土砂留奉行巡見の廻状が来る。長右衛門は日下村では御普請所の崩れのないことを書付で届け出るが、一応すべての巡見が行われるとのこと。

そうこうするうちに八月末からの大雨で江戸でも大洪水となり、領主本多豊前守の江戸屋敷にも被害が出た模様で、河内二〇ヶ村の庄屋が大坂蔵屋敷へ御見舞に上っていると、隣の芝村から連絡が入る。早速長右衛門は蔵屋敷へお見舞いに出る。他村と同じ行動をとることが必須であった。

役人衆の話では八月二十九日から九月二日までの大雨で、小石川あたりでは倉の二階に長櫃を運び上げて暮らすほどの高水。九月二日に江戸を出た書状が十二日に大坂蔵屋敷に届き、殿様御屋敷は床の下まで浸水とのこと。

この大洪水で両国橋と神田川の橋すべてが流され、江戸城の大手門も溢れ出た水で登城道も通行不能となった。武家屋敷の被害も甚大で、幕府は被害に遭った御家人に一五日間の職務猶予を触れている（『徳川実紀』国史大系）。この年の天候不順は上方だけでなく全国的であったようである。

十八日には土砂留奉行の巡見一行を迎え、日下村では特に御普請所の破損もなく、すぐに芝村へ送る。この日、検見役人衆が大坂を出立し、枚方の中宮へお着きという廻状が廻る。本多氏の河内領分は、枚方から生駒山西麓を経て南河内の古市までの二〇ヶ村に及ぶ（図1）。いわゆる河内の地元で山根《やまんねき》と呼ぶ山麓地帯を南北に貫く地域であった。

日下村へは数日で到着するであろう。いよいよ長右衛門は内検見の最終見廻りに忙しい。翌十九日、内検見の見残しを再確認し、綿不作の抜書帳を準備し、何とか首尾良く綿の損毛見分に漕ぎ着けたい一心である。一年のうちでも最も多忙を極め、神経をすり減らすこの時期に、日下村を震撼させる事件が起きる。

西称揚寺看坊龍雲自害

西称揚寺

十九日夜、連日の内検見で疲れ果て、ぐっすり寝入っていた長右衛門は、七ツ時（深夜四時）血相変えた村人の注進に起こされる。日下村の浄土真宗道場西称揚寺の看坊である龍雲が自害したという知らせであった。

龍雲は備後国恵穂郡大月村の正専寺の弟子であり、この年五月に西道場看坊に召抱えられたばかり、三五歳の若さであった。早速駆けつけると、厨の奥の間に伏せ、脇差を腹に深く突き立てて果てていた。残された書置を見、妻から事情聴取し、奉行所への書付を東称揚寺の看坊祐伝に書かせるうち夜明けを迎える。西と東の称揚寺は元禄期に東西の本願寺に準じて分離したもので、日下村の中心にあたる長右衛門屋敷の向かい側にあった。

蔵屋敷役人検使

翌日早速に相庄屋作兵衛・年寄治助・与次兵衛が駕籠で大坂町奉行所へ届け出るが、これは領主である本多氏役人に届け出るようにと指示がある。年寄五兵衛は、検見のために中宮に滞在中の本多氏役人へ注進に走る。夜半前には本多氏役人渡部伴六が自害人検使に駆けつける。西道場で自害人を改め、妻と庄屋・年寄及び、龍雲身請人である楽音寺村庄兵衛の口書を取り、夜も白みかけた七ツ時に帰る。本多氏役人も、一年で最も多忙なこの時期に、大変な事件に巻き込まれたものである。

奉行所へお届け

翌二十一日渡部伴六の取った検使の文書と、妻わき、龍雲身請人楽音寺村庄兵衛、及び日下村役人の口書三通を持って、蔵屋敷役人松田億右衛門が大坂町奉行所へ届け出る。奉行所役人から自害人を取り収め、その持ち物は妻に戻すようにと指示がある。庄屋作兵衛と年寄治助が同行し、奉行所の控所の腰掛で待機していたが、直接のお呼出しはなかった。

龍雲後始末

奉行所、蔵屋敷へのお届けが終わり、この夜八ツ時（深夜二時）、龍雲を日下村の小林にある墓地で火葬にする。翌二十二日には龍雲の妻へ雑物を渡し、実家のある楽音寺村へ帰す。夫の突然の自害という悲劇に見舞われた妻は、母と身請人に伴われ、荷物と共に日下村を去って行った。

やがて十月二十六日、西称揚寺に京極壱岐守御領分讃岐国多度郡葛原村浄蓮寺の弟子である恵岸を看坊として召し抱え、蔵屋敷へも届け出を済ます。この間の事情は記述されていないので、恵岸に決まった経緯は不明である。ともかくこれで日下村を驚かせた龍雲自害事件が一件落着となる。

龍雲自害の真相

長右衛門の記述には龍雲自害の理由というものが一切記されていない。奉行所への届書には「日下村の者共へも常々の様子を尋ねたが、何のあやしいところもなく、乱心したものであろう」とあり、日下村役人の口書には「西称揚寺看坊を相務め、随分実体なる者にて、常々人々と少しの言葉争いもなく、門徒の者共も悦んでおりました」とある。さらに妻の口書にも日ごろ気になるような言動もなかったことが記されている。

看坊に召し抱えられたばかりで、生活苦も考えられず、妻もいて前日まで周りと何のいさかいもなかった三五歳の僧が、自死を選ばなければならなかった、その原因は何であったろう。しかも脇差での切腹というのは何かただならぬものがうかがわれる。

明治の教育者、新渡戸稲造がその著書『武士道』で日本人の道徳観を形作っている精神の根底には武士道が存在すると述べている。切腹については、腹には霊魂と愛情が宿り、これを切り裂くことは自らの真と潔白を証明し、信念を明らかにする最高の手段であったとされる。龍雲が自らの腹に脇差を突き立てなければならなかったのは、切腹という手段でしか遂げ得ない並々ならぬ思いがあったからであろう。

彼の心の軌跡をたどることは、しかし容易ではない。彼を押しつぶしたもの、「乱心」という一言で処理された彼の自害の真相を、現代の我々の観念で推し量ることは不可能であろう。享保十三年（一七二八）という時代に生きた人間の価値観や思想というものを、体現することができない限り、彼の心情に立ち入るのは不遜だという気がする。ただ我々はかつてこの地で、年若い僧が自ら命を絶ったという事実だけを心に留めよう。それが今この日記を読む機会を与えられた我々と、二九〇年前を生きた彼との縁というものかもしれない。

長右衛門は残された書置を改めているので、その真相はわかっていたはずである。しかし記録として遺すには差障りがあったのか、その必要を感じなかったのか、何も記さない。この後の長右衛門の息つく間もない多忙は、検見役人衆を迎えていよいよ頂点を迎える。彼には龍雲自害の感傷にふけっている暇などない。「よりにもよってこの忙しい時期に」という思いが本音であったろう。

4　布市大乗寺看坊暴力事件

事件の発端

享保十二年（一七二七）初夏、日下村では例年のように順調に田植えが終わり、五月末から始まった水番も山場を迎えていた。七月の初めから長右衛門は連日道場で香盤につき、水番の総指揮で大忙しであった。香盤は引き出しのついた木製の四角い箱の上に灰が入れてあり、そこに寸法を決めて香を置き、それを焚いて時間を計り、田に水を入れる。水争いの起きないように香盤は庄屋が管理することになっていた。水番が滞りなく運び、村中の田に十分な水が入るかどうかが、百姓にとって収穫を左右する大問題であり、一時も気の抜けない作業が続いていた。この年は旱がちであったから、どこかいらだつような気分が村中を覆っていた。その最も多忙を極める七月十日のことである。

夜も更けた四ツ時（午後十時）にやって来た布市郷の由兵衛は思いつめた様子である。その訴えは、一昨日倅の与三が、布市の大乗寺看坊梅山に踏み倒され、腕を打ち、負傷したとのことで、梅山を呼び詮議してほしいとのこと。

香盤

日下村には三郷あり、中心部には日下本郷、北部には善根寺村に隣接する池端郷、西部には東高野街道を越えて恩智川に接する布市郷があった（巻頭日下村絵図）。日下本郷には東西の両称揚寺、池端郷には瑞泉寺、布市郷には大乗寺といういずれも浄土真宗の道場があった。梅山は布市郷の大乗寺の看坊であった。与三の腕の状態を見た長右衛門はすぐに「なんばの骨次《接》」へ連れて行き、見せるようにと指示している。「なんばの骨次《接》」とは、「浪速名所独案内」（天保三年〈一八三二〉）の難波村の所に「骨筋違療治所」とあり、大坂では有名な骨接ぎ療治所であった。

梅山の申し開き

三日後、布市郷の重立ち百姓で、日下村年寄でもある与次兵衛と左兵衛が長右衛門を尋ねて来て、事件の詳細を報告する。与次兵衛が大乗寺梅山から受けた申し開きとしては、「故意にやったことではなく、袖を引くので振り放した拍子に張り合いになり、与三が転んだもので、怪我をさせたことは一生の不調法であり、申し訳ない」と梅山はひたすら詫び、被害者与三の親である由兵衛によろしく取り成してくれるようにと与次兵衛に頼んだらしい。与次兵衛の意見は「もし梅山を免職しないのであれば、今後このような行為をしないとの詫状一札を申し付けてほしい」とのことであった。しかし長右衛門は「それは致させせがたく候」と言下にはね付けている。「梅山の乱暴行為は村にとって許し

布市大乗寺

がたいことであり、詫び状で済ませられることではない」というのが庄屋としての長右衛門の判断であった。さらに左兵衛と与次兵衛に、梅山が詫言に来たとしても、それに振り回されるのではなく、自重して行動するようにと諭している。

長右衛門が梅山に抱く感情があまりいいものではないことが感じられ、大乗寺看坊梅山の人間性がどのようなものであったかが想像できる場面である。いずれも長右衛門はそれ以上を記さず、また梅山の行為への長右衛門自身の感慨も記さない。だが由兵衛倅の与三が幼い子供であり、寺の看坊という立場にある人間の暴力行為が、村に与えた衝撃の大きさと、梅山への決定的な不信感がうかがえる。

梅山免職

七月二十七日、由兵衛が倅与三を連れて、なんばの骨接ぎへ通い、快気したことを長右衛門に報告に来る。その後与三の腕治療にかかった費用を梅山に請求し、治療代の他に駕籠賃・船賃・飯代ともに二〇匁出させている。その二日後の二十九日、布市左兵衛が、梅山に大乗寺看坊免職を言い渡したことを報告に来る。左兵衛は日下村年寄でもあり、布市の行政に関してはある程度の指導力を有しており、一応長右衛門の意を汲んではいるが、自ら梅山に免職を宣告したのである。しかも、事件が発生してから一九日目、梅山が被害者へ治療費を賠償してわずか二日目である。

与次兵衛の、「梅山を免職しないのであれば詫証文を取ってほしい」という申し出に、言下にそれはさせないと拒否した長右衛門の言動、そこに暴力という村落共同体の秩序を破壊する行為への強い拒否反応が感じられる。梅山への厳しい処置は、道場の看坊という村人を教え導く立場の人間だからこそ許せないという部分と、表に現れたこの乱暴事件だけではなく、それまでの梅山の行動や人間性にも問題があったのではと想像させる。それはまた村の平穏な暮らしの維持に全責任を負っている庄屋長右衛門にとっても、厳しい判断をせざるを得ないものであった。

八月三日、梅山が大乗寺を出寺するので、長右衛門に暇乞いに来る。梅山にとっては、自身の引き起こしたこととはいえ、与三の治療費のみならず、看坊の地位をも追われるという、高い代償を払うことになったこの度の事件であった。

大乗寺看坊の交代

その二日後、六万寺と即得寺の看坊を務める教授が、大乗寺の看坊への就任を望み、長右衛門に頼みに来る。その翌日には大乗寺門徒の代表七名を呼び寄せ、教授の大乗寺看坊就任を奨める長右衛門に、門徒は異議もなく納得して帰る。梅山が出寺して三日後には、相庄屋作兵衛が大坂蔵屋敷へ大乗寺看坊交代の届書を提出し、これで大乗寺看坊の乱暴事件がすべて一件落着であった。

作物の実りを左右する田畑の水番に、村人が血相を変えて駆け廻る夏、その最も多忙を極める時期に、梅山の軽率な行為がもたらした一騒ぎであったが、長右衛門の庄屋としての手腕が問われる事件でもあった。布市の重立ち百姓与次兵衛の梅山への気遣いも、長右衛門の判断を狂わせるものではなく、即座に梅山免職を決めた長右衛門の意志は固いものであった。

時期は前後するが享保十三年（一七二八）に博徒が村に入り込み、村人の家で賭博を開帳していた時には、詫び状で済ました長右衛門も、今回の暴力事件への処理は、私情を挟まぬ厳しさが際立つ。村の平穏無事な暮らしの維持が庄屋の最も重要な使命であり、その対極にある暴力行為への、長右衛門の断固たる姿勢が示された事件であった。

5　付け火事件

日下村で不審火

享保十三年七月二十六日の夜四ツ過（十一時ごろ）のことである。村人又四郎の厠の屋根が焼け、早速みんなで消火にあたる。長右衛門が吟味するが、これといった出火の原因も見つからず、付け火の疑いが濃くなる。この夜より夜番を一〇人付け、火消役一五人のものが村の内を見廻ることになる。番人三助にも同じく見廻らせる。翌二十七日からは夜番六人と三助が村中を見廻る。付け火事件の記憶も薄れかけた三ヶ月後の十月二十三日、また夜四ツ過ぎに助二郎の厠の屋根が焼失する。

その四ヶ月後の、翌十四年（一七二九）二月二十六日の夜半過ぎに、忠右衛門宅の厠の屋根が焼ける。付け火と思われたが、この時は何の詮議もなく、その四ヶ月後の六月十七日のことである。夜四ツ過ぎにまたもや、下の伊右衛門の厠と灰屋の屋根が焼ける事件が起こったのである。これで付け火と思われる出火は次のように四件となった。

年月	被害者	焼失場所
享保十三年七月二十六日	又四郎	厠屋根
〃　十月二十三日	助三郎	〃
享保十四年二月二十六日	忠右衛門	〃
〃　六月十七日	伊右衛門	厠・灰屋の屋根

いずれも時刻は夜四ツ時過ぎ、つまり十時から十一時にかけての深夜であった。焼けたのはいずれも厠屋根で、伊右衛門のみ灰屋の屋根も焼けている。しかも伊右衛門は「下の」とあるが、この下というのは、日下村の中心部の村中と言われる地域より坂を下って下という意味である。

日下村は山里であり、長右衛門屋敷のある日下村の中心集落は生駒山へ続く山の尾根にあり、そこから真南に急坂を下っていくと、三〇《メートル》ほど下の谷筋に、日下墓地がある。ここにも小さな集落があった（巻頭日下村絵図）。長右衛門屋敷から「下」というと、この地域を指す。この墓地の周辺は小林と呼ばれており、長右衛門が「下の伊右衛門」と記すのは、この日下墓地の小林地区のことであり、伊右衛門はそこの住人であった。

日下村の煙亡

元文二年の「日下村明細帳」（『東大阪市史資料』第六集三）に

一煙亡、居村より三町程隔て、小林と申墓所場ニ御座候、但し人数廿六人、持高一斗九升とあり、小林という墓所に二六人の煙亡が住んでいた。煙亡《おんぼ》は穏亡《おんぼう》とも三昧聖《さんまいひじり》とも呼称され、中近世において、死者の火葬・埋葬に従事し、賤民身分とされた。日下村では、小林の墓地の火屋と呼ばれる火葬場で煙亡の手によって火葬が行われていた。つまり下と言われる小林に住んでいた伊右衛門は煙亡であった。

享保十四年（一七二九）十月七日に、俵口村長福寺比丘が鐘鋳造の勧進に廻ってくるという知らせがあり、長右衛門は三助に命じて、伊右衛門に付いて廻らせるように申し付けている。こうした外から入ってくる勧進の管理は村の番人の役目であり、村中を勧進して廻るには番人が付添う必要があった。つまり三助と伊右衛門は日下村の番人を務めていた。

時期は前後するが、享保十三年（一七二八）四月の将軍吉宗の日光社参の際にも、村の二ヶ所に番小屋を立てさせ、三助に昼夜警戒のため村中を見廻らせている。将軍が発駕される四月十三日には、茂兵衛・三助に火の用心を村中に触れさせている。享保十四年五月十八日には、長七に夜廻りを止めさせ、三助一人で廻るように申し付けている。茂兵衛・長七も三助と同じように番人として村の見廻りをしていた。

村の番人は非人番と呼ばれるように、大坂の四ケ所垣外から派遣される非人であった。しかし日下村には大坂四ケ所垣外から派遣された非人番はいなかったようで、小林の煙亡である三助・伊右衛門・茂兵衛・長七が日下村の番人を務めていた。七月二十六日の放火事件のあと、火消役とともに村中を見廻っていた三助は、番人を務める煙亡の頭であったと思われる。

額田村の煙亡

河内郡額田村の安永六年（一七七七）「村明細帳」には「煙亡番非人、家数四軒、人数二二人、内男一一人女一一人」（『東大阪市史資料』第六集三）とあり、煙亡が二二人存在し、煙亡番非人と表記していることから、煙亡が番人を兼務していることを示している。大藤時彦氏によれば、岡山県西部にあたる備中地方では、煙亡は死者の取り扱いと非人番を担当していたという。煙亡と非人番は同じ賤民身分とされており、日下村と額田村で煙亡が非人番を兼務しているのは、いわば近世社会の理に適うことであった。

善根寺村の煙亡

日下村の北隣の善根寺村の大正十一年（一九二二）生まれの古老の話によると、善根寺村では一九五〇年代まで煙亡がいて、彼らは一家族で代々煙亡を相続し、村の火葬に従事していたという。墓地には火屋《ひや》があり、死者が出ると、煙亡に連絡し、燃料の柴や藁を火屋の前に運んでおき、火葬を依頼する。また善根寺村には昭和初期までアルキと呼ばれる村の連絡係がいて、それは女性であったが、着物の裾をからげて田植えのあとの「毛付休み」などの村の行事を触れ廻っていたという。このアルキと煙亡と散髪屋の三名は、江戸時代からの習慣として村雇いで、村方から給米を支給されていたという。

善根寺村の墓地は村の西端にあり、現在の外環状線の西にあたる。この墓地で火葬に従事する煙亡の家族は、この墓地より約二キロ東の山中にある、村の氏神である春日神社の傍の藪の中に小屋を建てて住んでいた。ここは生駒山の入り口であり、彼らは山守として、山に入り込む不審者の監視をも担当していた。山守は村の番人が務めることもあり、これは昭和初期のことであるが、近世にも日下村と同じく、善根寺村でも煙亡が番人を兼務していたものと思われる。

下の半三郎と悴「三」を尋問

享保十四年（一七二九）六月十七日の付け火事件の二日後のことである。

六月十九日　晴

一朝飯後、作兵衛と会所へ出、下ノ半三郎、同子三呼寄、焔硝取なやみ申儀承候段致詮議、夫より去年より度々付火いたし申者有之ニ付、三、屋敷へ召連行、御詮議を願申間、其内親半三郎へ預ケ置申候間、何方へも出し不申様ニ申付候

長右衛門は下の半三郎とその悴の「三（さん）」を呼び寄せ詮議している。「焔硝取なやみ」とあるので、焔硝を取る作業の中で、失火させたのではないかと尋問している。前年より度々付け火事件が起こっていることから事態を重く見て、「さん」を蔵屋敷へ連行し、領主役人の詮議を願うつもりである。それまで親半三郎へ「さん」の身柄を預けておくので、どこへも出さないように、と厳しい申し渡しをしている。蔵屋敷での詮議となれば、付け火には火あぶりという厳しい処罰が待っており、「さん」は勿論、親の半三郎もかなりの衝撃であったに違いない。

焔硝採取

焔硝は硝石のことで火薬の原料となり、起こした火を移すのに用いる火口《ほくち》にも使われた。火打石を打ち合わせ、火花が散ると、それを火口に移し取る。火口は柔らかい植物の繊維を束ねたものに焔硝が加えられており、火付きの良いもので一般に広く使われた。

焔硝の生産は古土法といって、床下の古い土より硝石を抽出する方法がとられた。汲み取り便所の壁から床下の土中に染み出した、窒素に富む糞尿などから生じたアンモニアに、亜硝酸細菌と硝酸細菌が作用するため、古い民家の床下の土壌には、硝酸カリウムが蓄積している。これを原料とすることで焔硝を生産した。

日下村の放火事件の四件の出火場所が、すべて厠であることもこれで納得できる。しかも床下に入り込み、土壌を採取するには、体の小さな子供が都合が良かったのであろう。しかも、床下は真っ暗闇で、燈火が必要である。「さん」はその作業の際に失火させたと考えられる。しかし焼けているのがすべて厠屋根である。床下から出火したものが、屋根にまで広がるには、それまでに厠自体も焼けるはずであり、このあたりに少し疑問が残る。

煙亡の暮らし

日下村煙亡の持高は「日下村明細帳」によると一斗九升であり、二六人が食べていくことは到底できない。煙亡と非人番を務める彼らに、村方からどのような報酬があったかを見ると、日下村の享保十三年（一七二八）の「諸色入用小掛帳」（「長右衛門記録」）によると、村抱えのものとしては、小走りと、山守に米と麦が支給されているが、煙亡・非人番については記載がない。もし善根寺村のように、日下村でも煙亡が非人番として山守も務めていたのであれば、山守給米としては「給米二石・給麦一石」の報酬が支払われていた。しかしこれでも二六人が食べていくには十分と言えるものではない。

日下村では年中行事の折には煙亡に食べ物を施すことが慣例となっていたようで、祭礼の日には長右衛門家の勝手口に食べ物を貰いに来ている。行事のない平日にも食べ物を乞いに来ていて、彼らの暮らしは食べるにも事欠く厳しいものであったことがわかる。

巻末表13の「河内郡非人番明細」によれば、大蓮村・小若江村・布摺村・新庄村・新家村・菱屋東新田の六ヶ村が非人番に村から食べ物を施している。それぞれ村から、米麦・銀などの報酬を受けているにもかかわらず、それでも十分ではなく、食べ物を乞う暮らしであったのだ。

日下村小林の煙亡は、子供を使って床下の古い土壌を取り、焔硝を生産していたと考えられる。焔硝の値段については、管見による限り享保時代の史料はないが、貧しい暮らしに幾ばくかの収入にはなったと思われる。

事件の結末

六月十九日、長右衛門は彼らを尋問し、七月二日にも会所へ出て、半三郎の悴「さん」を呼び付け、詳しく詮議している。七月四日にも会所へ出て、半三郎の他に、長七と三助、次郎右衛門を一人ずつ呼び寄せ、これまでの付け火について厳しく尋問している。七月五日になって会所で小八郎の女房を呼び寄せ、尋問している。尋問を受けた彼らはいずれも煙亡であったと思われる。この事件に関してはこれ以後何の記載もなく、結局どういう処置が行われたかは不明である。しかしこれ以後放火事件は一切なく、日下村は平和な日常を取り戻す。

この事件は煙亡の行為によるものであったと思われる。ただ同じ煙亡の伊右衛門の厨と灰屋の屋根も焼けているので、悪意のない失火と思われる。長右衛門は村から放火犯人を出し、火あぶりという処罰を受けさせることにはかなりの躊躇があったはずである。しかも「さん」は子供であったし、あくまでも彼らの生業の中での失火であれば、厳罰は避けたいという思いが強かったに違いない。

しかしこれ以上付け火が起こるようであれば村人の不安も高まり、煙亡への非難差別も増長されるであろう。そのところで、長右衛門は蔵屋敷での詮議、つまり「火あぶりになるぞ」という恐ろしい処罰を匂わせることで、彼らの行動に抑圧をかけたのである。

これ以後付け火が起こっていないことで、その効果は上がっていると見ることができる。火事という災いは、個人の全財産を奪い去るものであり、庄屋としての長右衛門の処置は、あるいは甘い部分があったかもしれない。しかしそこに、煙亡という彼らの身分と、その生きる厳しさへの一抹の温情が感じられる。

河内の三昧聖

日下村では煙亡が二六人いて、非人番を務めていたこと、彼らが焔硝を採取していたことがこれで明らかになった。だが彼らの活動はこれだけではなかった。それを別の視点から探ってみよう。

吉井克信「近世河内国における三昧聖の存在形態」（細川涼一郎編『三昧聖の研究』２００１）によれば、煙亡は三昧聖《さんまいひじり》とも呼ばれ、河内国の各墓地で葬送作業に従事していた。彼らは東大寺龍松院を本山とする聖寺《ひじりでら》を自らの拠り所とし、行基を開祖と仰ぐ三昧聖であった。河内村々の三昧聖は、延享五年（一七四八）の行基一千年忌にあたって供養塔を造立している。

丹北郡矢田部村の墓地にある行基一千年忌供養塔は、裏面に「弥明寺三昧聖中」の銘文がある。弥明寺は墓地に現存し、この供養塔は墓地を造られた行基さんの墓と認識されている。石川郡森屋村の墓地にも行基一千年忌供養塔があり、裏面に「西方寺三昧聖中」とある。石川郡森屋村の銘文は次のようなものである。

右側「天平勝宝元己丑年二月二日御年八十二而」

正面「南無行基大菩薩」

左側「今年延享五戊辰年二月二日因相當千

　歳之御忌為開祖報恩奉造立之者也」

裏面「河州石川郡森屋村

　　　　　西方寺三昧聖中」

正面に「南無行基大菩薩」とし、左右にその命日と、開祖行基の一千年忌の報恩のための造立であるとし、裏面に聖寺と三昧聖中を明記する。いずれの供養塔も銘文の内容はこの形式である。同郡東坂村の墓地にも同様の供養塔があり、銘文に聖寺は刻まれていない。八上郡小寺村の墓地にも同様の供養塔があり、左側面に「妙覚寺三昧聖中」とあり、天保九年（一八三八）に妙覚寺三昧聖は、家数四軒、人数一三人を擁している。丹南郡大保村の浄土寺は墓地開設伝承を行基に結び付けており、同じく行基供養塔がある。これで南河内・中河内地域の五ヶ村に、行基一千年忌供養塔が現存することが明らかになった。

嘉永五年（一八五二）妙覚寺三昧聖は、矢田部村弥明寺三昧ら四村の三昧とともに、東大寺龍松院への願書に河内国聖共を代表して連署している。彼らの寺は墓寺であり、正規の寺院ではないが、いずれも東大寺龍松院を本山と仰ぎ、その宗教的権威を背景にした聖寺であった。彼らが墓地の行基供養塔に聖寺の寺号を刻むのは、寺檀制の外にあるとはいえ、聖寺が東大寺龍松院という権威ある寺院の末寺であることを対外的に明らかにするためであった（吉井克信「近世河内国における三昧聖の存在形態」）。

東大寺龍松院にお聞きすると、三昧聖に関する史料はなく、ただ行基菩薩千年忌と千百年忌に、東大寺で法要が営まれたという史料は遺されているという。その時に各地へその情報が流され、供養塔造立に繋がったと思われる。渋川郡の鞍作新家村の半導寺三昧では、東大寺龍松院の指示に従い、弘化四年（一八四七）十一月二十二日に行基千百年忌の法事を営んでいる。しかしこの時の新規の供養塔造立は少なかったとされている（吉井克信「近世河内国における三昧聖の存在形態」）。

日下墓地

日下墓地火屋跡　右が供養塔

河内七墓の詩

日下村の行基菩薩千百年忌供養塔

ところが日下村では弘化四年の行基千百年忌供養塔が存在するのである。墓地の正面から入った奥に、かつては火屋があり、その前にひときわ高く細長い供養塔が建てられていた。平成七年（一九九五）一月の阪神・淡路大震災によって破損し、地蔵堂の奥に三本に折れた状態で保管されている。その銘文は、上部に五字の文言があり、その内容は、

北面「勝□(遊カ)□(脱カ)場□(争カ)　旹時弘化四歳丁未十一月下旬導師大龍寺現住沙門正印敬白」

南面「空竟(究)到□(彼)岸　行基菩薩為千百年忌之石塔建立伸以供養者也」

東面「鹿消覺園清　當村　世話人　久兵ヱ　源兵ヱ　弥助　清兵ヱ　庄右ヱ門　七佐ヱ門　源助　平
三良　八良兵ヱ　源佐ヱ門　小平次　八右ヱ門　作右ヱ門　半兵ヱ　庄次良」

西面「吹面受慈風　　徳善　」

となっており、日下村の禅宗寺院である大龍寺の住職が揮毫したものである。日時が、鞍作新家村で行基千百年忌が営まれた十一月二十二日と同じく十一月下旬となっていることから、東大寺龍松院からの指示によって造立したものと考えられる。東面に一五名の村人が刻まれているが、その中の小平次は石工として活躍した人物であり、布市春日神社・鷲尾山興法寺・瓢箪山稲荷神社の鳥居など、近郷の多くの石像物を製作したことで知られている。

ただこの供養塔には「三昧中」の文字はなく、日下墓地に聖寺は確認できないため、東大寺龍松院からの情報を得た日下村煙亡が村方にそのことを伝え、村方での造立となったのであろう。平成七年一月に阪神・淡路大震災のため、弘化四年の供養塔が破損した後、翌二月に日下町民により新しい供養塔が造立された。その銘文は、

北面「勝イロ場ハ　旹時弘化四歳丁未十一月下旬尊師大龍寺現住沙門正印敬白」
南面「空竟到ニ岸　行基菩薩為千百年忌之石塔建立伸以供養者也」
東面「鹿消覺園清　造立の世話人一八名の名」
西面「吹面受慈風　行基菩薩供養塔再建平成七年二月吉日」

とあり、古い石塔の文言をそのまま写し取っているが、東面の世話人は再建当時の日下町民である。

新しい供養塔

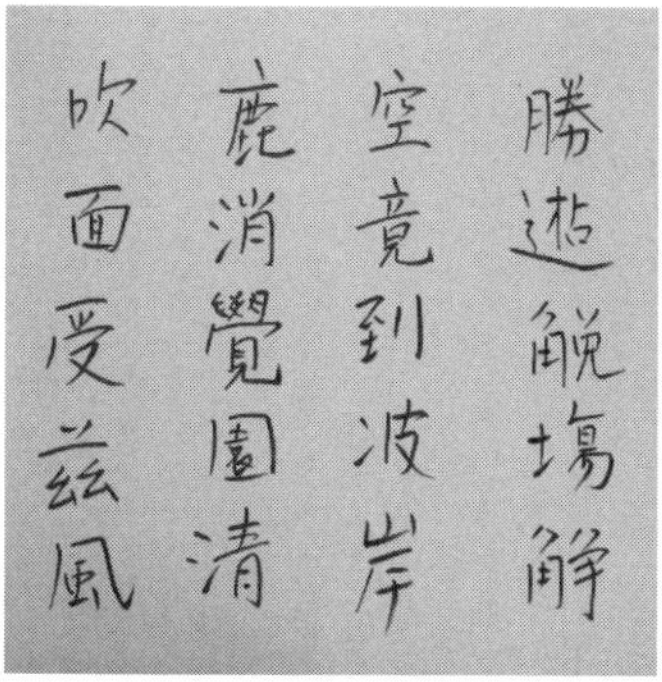

上部の「偈」

上部の四面に刻まれた文言には判読不明の文字が四字ある。

イは「拈にしんにょう」
ロは「角遍に免」
ハは「角遍に争」
ニは「にすいに皮」彼か

仏教の「偈（げ）」であろうと思われるが、東大寺龍松院でも意味は不明とのことであった。強いて解読を試みた。

拈に勝ち場の争いを脱す
空《くう》にして竟《つい》に彼岸に到る
鹿消え園の清しきを覚え
面を吹く滋風を受く

（解読・日下古文書研究会山路孝司）

石凝院

行基創設と伝えられる「河内七墓」は、長瀬・岩田・額田・神立・垣内・恩智・植松の七ヶ所とされる。日下村墓地は「河内七墓」には入っていないが、地元では古くから行基菩薩の造られた墓地と伝えている。再建された行基供養塔の左側には小さな石碑があり、そこには、「河内七墓の詞　死んでいきたや日下の墓に行基菩薩に抱かれたい」と刻まれている。

日下墓地の火屋は使われなくなって一〇年あまり経過し老朽化したため、平成六年（一九九四）に解体された。この火屋の二基の台座のうちの東側のものに、行基菩薩像が刻まれているとの伝説があり、日下村ではこの台座で永遠の眠りにつくと、行基菩薩に抱かれて極楽に行けるとの信仰があった。

石凝院跡石碑

また戦時中は行基菩薩供養塔にお参りすると、出征した兵士が無事に帰って来ると信じられていた。いずれもこの地の行基菩薩への信仰の深さが感じられる。

七墓の石碑の前には「行基菩薩火葬場跡」の石碑がある。この附近石凝院跡とあり、行基菩薩が建立した四九院の内の「石凝寺」である。日下墓地の西南一帯では、以前から古瓦片が見つかっていたこともあり、昭和三十六年（一九六一）に発掘調査が行われ、堂宇の基壇が存在していたことが明らかになった。「行基年譜」に、「行年五十三歳　元正天皇六年、養老四年　石凝院九月十五日　在河内国河内郡日下村」とあり、この一帯が「石凝寺」の跡と考えられている（『枚岡市史』本編）。

「行基供養塔」「河内七墓の詞」「石凝院」の三つの石碑の存在が、日下墓地の行基菩薩との縁の深さを物語る。これらの石碑は、平成六年に火屋が解体され、その翌七年（一九九五）に古い行基供養塔が阪神・淡路大震災によって倒壊したことを受けて、新しい供養塔とともに火屋解体跡地に整備されたものである。ここには日下墓地の行基菩薩との由緒を後の世に伝えようとした、日下町民の強い思いが込められている。

前述のように、日下墓地に聖寺はなく、行基供養塔に「三昧中」の文字がないものの、日下墓地の煙亡が河内地域の他の三昧聖と同じく、東大寺龍松院の支配下にあった三昧聖であったことは否定できない。ただ前掲吉井克信氏論文によれば、「北河内では龍松院配下の仲間組織が未成熟であった」とされており、どの程度までの影響力があったかについては不明である。

日下村煙亡の実像

『森家日記』のわずかな記載によって、日下村の煙亡の存在と活動の一端が明らかになった。彼らは人間の暮らしに必須な死者の葬送という職能を生業とし、そのことによって穢れを引き受け、賤民身分に甘んじなければならなかった。村の扶養を頼りに、厳しい暮らしに耐える中で、焔硝を採取するという方法で幾ばくかの収入を得ることも、彼らの生きるための算段であった。その中で、村方の力で行基菩薩千百年忌供養塔を造立し、東大寺龍松院の権威と行基菩薩への信仰を支えとして生きたのである。彼ら煙亡は、誰もが忌避するものながら、社会に不可欠な一部分を担ったのであり、彼らの存在は近世歴史の中で重要な位置を占めるものである。

五　河内文化と庄屋

元禄時代（一六八八～一七〇四）に始まる上方文化の隆盛は、否応なく河内にも文化的覚醒をもたらし、十八世紀から大きなうねりとなって、和歌・俳諧・漢詩文などの文芸の開花へと繋がっていった。河内農村の庄屋層の、地域社会をリードしようとするエネルギーは、多方面にわたって発揮されたが、文化の面においても例外ではなかった。

河内の庄屋・豪農・僧・神官といった村落の知識人は膨大な蔵書を蓄え、古今の典籍を修め、常に広範囲の文人との交流を求めた。それは京・大坂に代表される中央の高い文化と、最先端の情報を吸収しようとするものであった。儒学とともに江戸中期からの国学の隆盛はそうした向学の徒を大いに刺激し、彼らは競って文人学者に師事し、自己の研鑽に励んだ。それは同時に何よりも地域社会を支え、高揚させようとした彼らのリーダーとしての自負心の表れでもあった。

事実、長右衛門自身も漢学を修めた文人であった。長右衛門の墓碑銘に「鳥山碩夫に師事し漢学を学んだ」とある。鳥山碩夫（芝軒）は伏見の人で漢詩を儒学から独立させ、専門詩人として門戸を張った嚆矢とされるが、正徳五年（一七一五）には亡くなっている。鳥山碩夫は大坂でも活躍しているので、長右衛門が師事したのは若いころと考えられる。

『森家日記』には漢学者として大坂浦江の義門師が登場する。彼は享保十五年（一七三〇）に亡くなっているが、どのような人物であったかは文献にも出ていない。義門師は常に足立家の庇護を受け、森家にもよく出入りする。

森家の蔵書の中には、『三體詩』『聯珠詩格』『千家詩』や、鳥山碩夫の『和山居艸』『芝軒吟稿』などの漢詩集や、『四声以呂波韻』『和語円機活法』など漢詩の音韻や作詩の字典が多い。『森家日記』には長右衛門自身の漢詩も見受けられ、難解な漢字を書きこなす、その流麗な筆跡からは、豊かな漢学の素養がうかがわれる。

森家には近郷の庄屋層や僧・医師をはじめ、大坂の町人・武士が常に出入していた。いわば当時の知識階級の社交場であったから、大坂で流行していた文芸や遊芸、漢詩や謡・浄瑠璃が披露され、河内における文化サロン的な役割も果たしていた。

長右衛門の長男勝二郎は、二一歳で野里屋との養子縁組を解消した後に「生駒山人」と号し、伏見の儒者龍子明の詩社「幽蘭社」で活躍した。龍子明は彦根の儒臣であり、公美・草蘆とも号した。彼との交流は、山人の宝暦二年（一七五二）の四〇歳での死まで続いた。死期を悟った山人は龍子明に自身の漢詩集の刊行を依頼する。山人死後八年を経た宝暦十年（一七六〇）、龍子明によって『生駒山人詩集』七巻が編まれた。山人の弟の万四郎は、大坂の商家平野屋へ養子に入ったのち、平野屋清助として漢詩集『桃亭稿』を遺している。

こうして醸成された文化的な素地はその後も大きな成果をもたらした。寛政十年（一七九八）には上田秋成という当時の第一級の文学者が日下村を訪れ、四ヶ月滞在している。それは大坂での目の治療も兼ねていたが、村落に存在した厚い文化層の強い欲求に応じたものであった。

上田秋成を日下に招いたのは、善根寺村の豪農足立家から、大坂の豪商平瀬家に嫁ぎ、寡婦となって日下村に庵を結んでいた、紫蓮尼（唯心尼）という女性であった。平瀬家は大坂でも屈指の両替商「千草家」を営み、大坂商人の子弟の儒学塾「懐徳堂」を支援していた。若いころに「懐徳堂」に学んでいた秋成は、千草屋の御寮人であった紫蓮尼とも親交があった。前年に妻を亡くし、目を患った失意の秋成は紫蓮尼の誘いを受けて、緑深い日下の風光に寂寥の日々をうずめた。河内と大坂を結ぶ姻戚関係の太いパイプは、さらに幅広い人と文化の交流を生み出していた。

上田秋成という大きな啓発を得て、近郷の知識人が集い、河内の一大文化サークルというにふさわしい文芸の高まりを見せ、それは、次の化政期（一八〇四～三〇）から幕末にかけて、確実に受け継がれた。

喜里川村庄屋中西重孝（号多豆廼舎《たずのや》）は、和歌・狂歌・俳諧に通じ、本居宣長の門人村田春門を師として、近郷の文人たちと活発な文芸活動を展開し、文政二年（一八一九）には歌集「河内集」を上梓した。その子宗兵衛茂保（号多豆伎《たずき》）は、本居宣長の門人で国学者であった藤井高尚や、豊浦の庄屋で代官を務めた中村四端、六万寺の庄屋今西祐当、花園の豪農岩崎美隆、八尾の伴林光平、今米村の庄屋川中三郎平など、河内の文人との幅広い交流によって文化の隆盛に繋げた。

喜里川村中西家

彼は膨大な日記（『中西家日記』日下古文書研究会　２０１５）とともに、紀行文「播磨路之日記」「芳野おいぶみ」を遺し、花園の岩崎美隆の歌集「杠園詠草《こうえんえいそう》」を編纂している。

森長右衛門の『森家日記』や、中西宗兵衛茂保の『中西家日記』には、近郷の庄屋・豪農・僧・神官などの、知識層との広範囲な交流が詳細に描かれており、河内文化を支えたのが彼らであったことを如実に示している。

紫蓮尼墓　大龍寺境内

生駒山人墓　来照山森家墓地

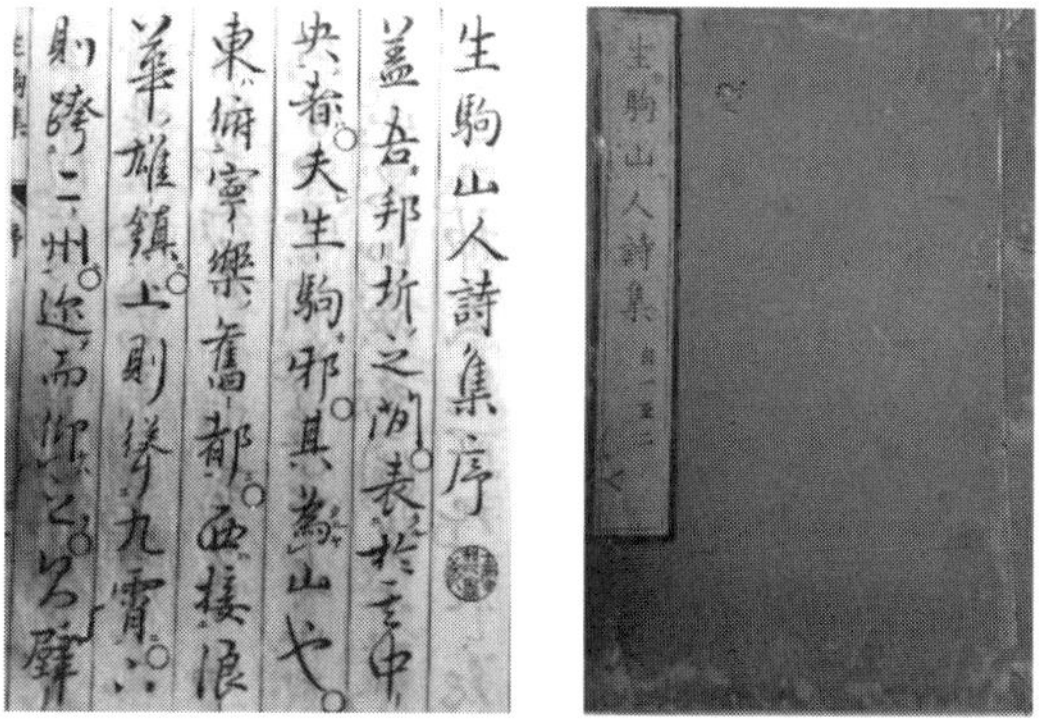

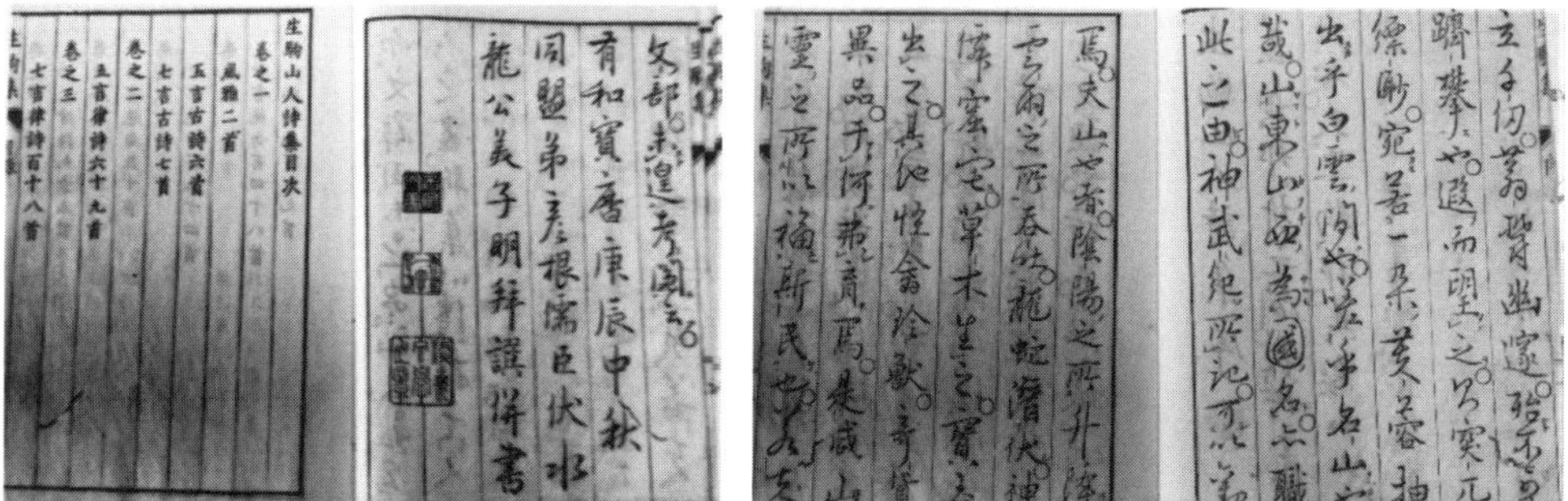

生駒山人詩集　森義男氏所蔵

六　庄屋の果たした役割

1　近世における庄屋

長右衛門は、百姓の暮らしの様々な事情の中に入り込んで問題を解決し、暮らしの成り立ちに心を砕いている。母親の面倒を見ない人がいる、また家族に乱暴する人がいると、見かねた村人が長右衛門に意見をしてやってくれと言って来る。長右衛門はその村人を呼びつけて、理由を聞き、叱りつけて諭し、暮らしが成り立つように算段をしてやる。その上、帰りには五升の米を持って帰らせる。

善根寺村の『向井家文書』に、村人が庄屋に提出した一札がある。常々農業を怠け、不行跡にて、今日を暮らしかね、夜になるとよその家の軒端に立って施しを受けるという人物が、姪と不義をしたうえ、姪の奉公先まで押しかけ、刃物を持ち暴れるという事件を起こした。このような人間をも村は見捨てず、五人組が請人となり、今後は更生させることを誓約して、一札を庄屋へ提出している。

農業を怠け暴力沙汰を起こす、博奕に手を出すなど、共同体秩序にはみ出す人間はいつの時代にもいたが、大抵のことは村の五人組が請け負って、その上の庄屋が全責任を負うことによって平穏な村の暮らしの維持を図った。どんな人間をも包み込んでしまう一種の自浄作用というものを近世の村社会は持っていた。落伍者を出さないで、共に生きていこうとする、この日本人の精神風土はどこから来たのであろうか。

近世は年貢が村請で、村全体で年貢を負担する。しかも稲作は季節ごとに決まった農作業を村人が同時に行う必要があった。春の田植えや、夏の水番、秋の刈り入れなど、お互いに協力し合うことが必須であった。特に水番は村中のすべての田に水を行き渡らせる必要があり、誰一人勝手な行動は許されなかった。「我田引水」という行為こそが最も嫌われた。しかも誰か一人でも怠けて収穫がないと、その分は村人全体にかかってくる。だから寡婦や病人の家は村人総出で農作業を手伝う。村全体で収穫を上げて、村全体で年貢を納める。これが、誰もがお互いのことを考え、村の成り立ちに心を砕く、という日本人気質を作り上げた。近世の村社会が持っていた共同体意識、常に周囲へ配慮しつつ、平和で穏やかな村の暮らしを維持していこうとするこの精神こそが、世界で最も安全な国日本を作り上げたと言えよう。

「日本人は、集団行動は得意であるが自己主張を持たない」ということは欧米人の日本人批判で言われることである。しかし近世の村の中で自己主張は必要がなかった。村の平穏無事な秩序維持のためには、周囲に合わせることこそが求められたのだ。

欧米は古くからの多民族国家であり、人種も宗教も風俗習慣も異なる人々が構成する。その根底には個人主義が浸透している。特に移民国家であるアメリカでは、自分の身は自分で守るしかないという意識が徹底している。だから銃を持つ。それが開拓時代からの生きるための術であったという国であり、米国における凶悪犯罪件数は日本の数十倍とされる。そこが日本と決定的に違うところである。近世の村落社会が持っていた共同体意識、それは欧米社会にある個人主義とは対極にある。

その近世の村落の中心にあったものが庄屋であった。『森家日記』から見える庄屋の姿、長右衛門が村の平穏無事な暮らしの維持に力を注ぐその行為は、庄屋という役職だからというだけでない、それを超えたものがあると感じられる。

長右衛門は常に高麗人参を入れた印籠を持ち、「このごろ父親が夢の中にいるようにあちこち徘徊するので困っている」という村人に、当時高価であった高麗人参を惜しげもなく与えている。村中に熱病が流行った時には、大坂で蒼朮《そうじゅつ》という薬草を買って来させ、村の一軒ずつに配って焚かせている。

長右衛門の蔵書目録には一二三部の書籍が記録されているが、その中でも医薬専門書を多く買い入れている。書物屋から享保十四年（一七二九）に買い入れた医薬専門書は、「医学切要指南」「刪補衆方規矩」の二部で、「臓腑経絡詳解」を借りている。日下村の医者周益からも「大成論諺解」一巻、「難経諺解」一二巻を借りている。同十五年（一七三〇）にも「普救類方」「大和本草」を買い入れている。

また村に薬行商人がやって来た折には、大量の薬を買い込み、自宅と、会所に置き、必要な時に村人に与えている。この薬代は村入用には上がっておらず、長右衛門の負担であった。長右衛門自身は漢方薬の調合に長けていたので、自身や家族の病気や、腫物や痛みのある時には漢方薬を調合して服用している。池端で女性がまむしに噛まれて苦しんでいる時には、煩熱・排膿に効果のある漢方薬を渡している。御供田村の女性が膈の病で薬を貰いに来た時にも、何種類かの薬を調合して渡している。村の牛が倒れた時にも解熱剤を処方している。それはこうした医薬専門書によって知識を得て、いわば薬屋としての役目を果たしていたのである。

長右衛門は薬種屋として大坂の平野組に所属しており、慶応四年（一八六八）平野組所属薬種屋・合薬屋分布表によると「薬種屋・合薬屋名前帳」に、河内郡では以下の九名の名前が挙げられている。

日下村長右衛門　喜里川村庄屋惣兵衛　六万寺村息徳寺　額田村岩本養元　吉原村利左衛門

芝村光養寺栄蔵　神並村玄昌　出雲井村永瀬勝次郎　池嶋村宮崎立昌・鍵蔵

（中部よし子『大坂と周辺諸都市の研究』１９９４）

筆頭に日下村長右衛門の名があり、彼らは、村の庄屋や医者、寺などで、薬種屋として大坂の薬種仲間組合に加入し、村人の医療保健業務を担っていたことがわかる。長右衛門の、漢方薬の知識と近郷への薬の提供活動を見ても、薬種屋に登録されたのは享保時代のはずである。「薬種屋・合薬屋名前帳」の記録は慶応四年とあるが、古くからの資料を書き写していると思われる。

長右衛門の薬種屋としての病人救済の機能も、村の平穏な暮らしの維持という、庄屋としての役割の一環として行われたものであったが、長右衛門のような潤沢な資力を持つ、中世以来の豪農であればこそ、そうした幅広い機能を果たすだけの器量を持ち得たのだと言える。享保時代は庄屋というものが、村内外から信頼と尊敬を受け、村人の暮らしのあらゆる面に配慮し、個人的な問題へも対処し得る、大きな包容力を持つ存在として期待された時代であった。しかし時代が下るにつれてその機能は変化していく。

長右衛門が享保十七年（一七三二）に庄屋を退き、そのあと年寄であった治助が庄屋となると、自宅での検見役人の宿泊にも困り、長右衛門の屋敷を借りに来る有様であったから、庄屋の機能としても村人への手厚い配慮というような伝統は廃れていくしかなかった。

延享二年（一七四五）の長右衛門の死後、子息の文雄（生駒山人）の時代になっても近郷村から薬を貰いに来ることがあり、その度に「先代が亡くなってからはそういうことはしていないので」と断っている。生駒山人は庄屋にはなっておらず、彼が子のないまま、四〇歳で亡くなってのち、森家は没落の一途をたどることとなる。

山人の妻周が七二歳で亡くなった寛政五年（一七九三）には、森家の兄弟のうちでは一番長寿であった山人の次弟平野屋清助（万四郎）もすでに亡く、血筋は絶えていた。この時には森家は経済的に逼迫しており、親戚惣代足立十右衛門と、世話人中新開善左衛門をはじめ、親類一同が相談し、「立会相談取締覚」（中九兵衛氏所蔵）がまとめられた。これに森家の財産が書き上げられている。それによると、森家の借用銀は総額二八貫余りに上っている。この森家の困窮の理由は定かではない。

この際に親類一同で取り交わした「為取替相対証文之事」（中九兵衛氏所蔵）によると、「森氏の家相続之儀、大切之折柄ニ付、惣親類中相談之上、何卒軽く成共相続為致度」とあって、全員が森家の相続を大切に考え、家名の存続を願っている。そのためには借財がいくらあろうと、財産の銀一〇貫目については家督として残すとしている。これ以前に八尾七郎兵衛の娘を養女として迎えており、彼女に聟を迎えるために見合いを済ませ、折り合いがよければその聟養子に長右衛門の名前を継がせるとしている。債権者が債権の行使を一時差し止めるという温情ある措置を取ってでも、森家の存続を実現しようとする強い意志が感じられる。

それは、この時長右衛門の死後五〇年となろうとしていたにもかかわらず、享保時代（一七一六～三六）の森家の最盛期を支えた長右衛門貞靖の人柄とその力量、地域運営に尽くした功績というものが、人々の記憶に残っていたからであろう。

『薬種屋・合薬屋名前帳』の慶応四年（一八六八）ごろの森家は、養子でようやく繋がっていた時代である。しかも森家の檀那寺の東称揚寺の過去帳を見ると、生まれる子供たちがすべて早世し、血筋も絶えようとする時期であった。享保時代に近郷に鳴り響いた、豪農としての面影はすでになかったが、享保時代の長右衛門貞靖以来、ずっと薬種屋の記録には名を留めていたのである。

森家の最盛期を切り盛りした享保時代の長右衛門貞靖が、村人の暮らしの奥深くに入り込み、保健医療や民生にまで責任を持つものが庄屋であるという伝統が生きていた時代に、その機能を果たし得た最後の庄屋であった。

村人の悩みを自分のものとして対処する。そうしたことが常に何気なくできる人物、それが庄屋という存在であった。そして村人の側にも、そうした庄屋に対する厚い信頼と、尊敬の思いがあったはずである。常に村落の中心にあってその発展を支えた庄屋、支配階級と民衆の狭間にあって、時にはそこから生まれる軋轢にさらされながらも、生まれ育った父祖伝来の土地への深い郷土愛を持って民衆を導いた庄屋たち。彼らこそが、現代に至る日本の原型を作り上げたと言われる、近世社会の根底を支えたのだ。改めて近世歴史の中で、庄屋というものが果たした役割が再評価されるべきではないだろうか。

2　近代における庄屋

近世から近代への幕開けにも庄屋の力が大きく存在した。明治に戸長として新しい町村制のもとで地方行政を担ったのも多く近世の庄屋たちであった。森長右衛門家は明治期に断絶したが、森長右衛門とともに、享保時代に日下村の相庄屋として活躍した河澄家の、幕末の当主である雄次郎氏は、明治になって戸長となり、廃藩置県・地租改正などの大きな制度改革の中で村政に携わった。村会や郷学校という新しい制度の創設に奔走し、地域の子供たちの教育に自身の屋敷を提供し、小学校建設の際には私財を投じた。

昭和十五年（一九四〇）の、皇紀二六〇〇年記念の奉祝行事の時には、日下村と善根寺村に二基の「神武天皇聖蹟顕彰碑」が建ったが、その実現に奔走し、その記念に「孔舎衙村史」をまとめたのは、雄次郎氏の孫である河澄正直氏であった。彼らの地域社会を担っていこうとする熱意は時代を超えて受け継がれた。

明治の近代への大きな転換を急激な革命ではなく、緩やかな波動に変えて民衆へと浸透させ得たのは彼らだからこそ可能であった。その狭間には、島崎藤村の『夜明け前』に代表される、彼らならではの苦悩もあったはずである。そして戦後の農地改革によって解体されるまで、村落社会をリードし続けた彼らの力は、日本の近代的発展をその底辺で支えたのだ。

河澄家
現在「旧河澄家」として市民に公開されている

神武天皇聖蹟孔舎衙坂顕彰碑

あとがき

近世の村落に遺された日記類は、庄屋などの村役人の手になるもので、領主との支配関係の役用を主として記録するものがほとんどである。しかし長右衛門は几帳面で、筆まめな性格から、村政に関する事柄のみならず、村中のこまごまとした出来事にも目を注ぎ、日下村の明け暮れを丁寧に記録している。享保時代（一七一六〜三六）の庶民の生活史という点で価値が高い。

登場人物の数が非常に多く、それはひとえに、長右衛門の交友関係の広さに由来するのであり、享保時代の大坂と河内を舞台に、縦横の活躍をする一人一人の人物が、これほどに臨場感を持って活写された史料を、他に見出すことはできないだろう。しかも、長右衛門を取り巻く人物の動向について、自治体史などでは解明されていない、奥深い事実が明らかになり、郷土史の史料としても貴重である。また彼の几帳面な記述から、村方文書などの公的史料では把握できない部分が明らかになる。例えば検地帳は、近世初頭の検地を基礎としており、実態の伴わないものになっていたが、日記からその数字が明らかになる。

長右衛門の持高は名寄帳によると九〇石であったが、几帳面な彼は享保十三年（一七二八）に納められた小作米を日々丹念に数え、合計で一三三石になっていたことを記録する。これは小作米であり、小作料が五割としても彼はその倍の二六六石の収穫の上る田畑を所有していたのである。その他にも自作地があり、長右衛門の持高は実際には三〇〇石を超えていたはずである。これは公的史料の三倍以上となる。

さらに実際の検見の方法や、年貢の納入方法、領主関係でかかった費用を村々で負担する郷割方や、蔵元や掛屋が関係する領主への大名貸しの実態まで、公的史料を補足する詳細を知ることができる。長右衛門は、領主本多氏の大坂町人からの借入金の手形に、所領村々が請印していることを記録しており、本多氏に大名貸しをしていた銀主の名前や数から、その金額まで知ることができる。

また長右衛門たち河内所領の庄屋が、賄賂や接待で蔵屋敷役人を慰撫し、お互いの要求を知り抜いた、持ちつ持たれつという、親密な関係を築き上げていたことなど、公的文書では到底見えてこない事実が明らかになる。そこから支配のあり方の実際、村と支配者の本当の姿が立ち現れてくるのだ。近世の村の実態を把握するには村方文書だけでは十分ではなく、庄屋日記こそが、それを補足することができる第一級の史料であることを示している。

もう一つ興味深いことは、中西家から発見された「高附帳」の年代を傍証したことである。中西家文書の「高附帳」は表題に「河州一国高附村附横地橋川氏改」とあるのみで、年代の記載がなかったが、『森家日記』享保十二年（一七二七）八月二十五日条に、「八ケ庄の横地村源右衛門が村々の石高を記録するため、近辺村々を廻村している」との記載があった。この記載によって、この「高附帳」は、横地村庄屋の橋川源右衛門が、享保十二年に廻村調査し、記録したものであることが判明した。

長右衛門が来訪者を逐一漏らすことなく記録する、いわば記録魔とも言える生真面目な性格であったことで、このような貴重な史料の年代決定を可能にしたのである。「高附帳」は年代が大きな要素となり、研究者に利用されるものであり、『森家日記』の一次史料としての価値を一層高めることになる。

河内の地域社会を揺るがした新田開発については、主として善根寺村『向井家文書』と『平野屋会所文書』を使用した。そこには長年水との闘いを余儀なくされてきた、河内百姓の苦難が横たわっていた。現在は、新田であった地域は、道路も井路もコンクリートで固められ、多くの車が行き交う街となり、このあたりがかつて深野池や新開池という大きな池であったことは想像すらできない。新開池の中に築かれた二つの井路は、今なお周辺農地を潤す灌漑設備として機能している。そしてこの両井路が、三六〇年前の百姓たちの、まさに泥にまみれるような辛苦によって開削され、その維持に心血を注いできた苦難の歴史を秘めていることを、知る人はほとんどいない。この井路の水利権を統括する水利組合こそ、実に三六〇年にわたる水との闘いを象徴する組合である。先人たちの想像を絶する苦難の末に築かれた井路も、現在では護岸整備が進み、ポンプ場の設置で水量の制御が可能となり、洪水になることもなく、河内の長年の水との闘いに終止符が打たれたのだ。その反面、農地が少なくなり、水の役割というものが目に見えてこない。人々の水への意識が大きく変化してしまった。

旱の時に雨乞いをし、降ってきた雨を拝んだという古老の話を想う時、農業にとって命とも言える水への想いは、神への畏敬に繋がるものであった。しかしこの井路の役目も、その歴史も知ることのない人々にとっては、何の感慨もなく、ただの水路でしかない。時にはごみが捨てられるのだ。だが、それはこの地の先人たちへの冒涜であろう。長年の水との苦闘を乗り越えてきた、この地の歴史に真摯に真向かい、敬意を払うべきはないだろうか。歴史に学ぶということの本当の意味がそこにある。

『森家日記』には、有名人も英雄も出てこない。名もない人々の普通の暮らしがあるだけである。それこそが本当の歴史であると気づかされた。その魅力はまだまだ語り尽くせないほど、奥深いものがある。多角的な視点で検討すれば、近世の村の歴史解明に貢献する多くの情報を含んでいる。しかも大部であり、解読に至っていない部分も多い。今回は長右衛門が庄屋として、最も脂の乗り切った時代を取り上げたが、今後も様々な観点からこの史料と取り組み、拙いながらも『森家日記』の世界を読み解いていくつもりである。

謝辞

本書の刊行に際し、史料を提供していただいた、東大阪市加納の森義雄氏と、京都大学に心からの感謝を申し上げます。

これまで一八年間にわたる『森家日記』の解読については、日記に登場する文言や、農作業、田んぼの字名から、土や作物のこと、年中行事、日々の暮らしなどについて、戦前から農業に携わった地元の方々から、たくさんのことをご教示いただきました。戦時中から戦後の厳しい時代を、日々土と向き合って必死に生き抜いた方ばかりです。その方々のほとんどは鬼籍に入られましたが、今は亡き先人たちに心からの感謝を捧げます。

令和二年三月一日

浜田　昭子

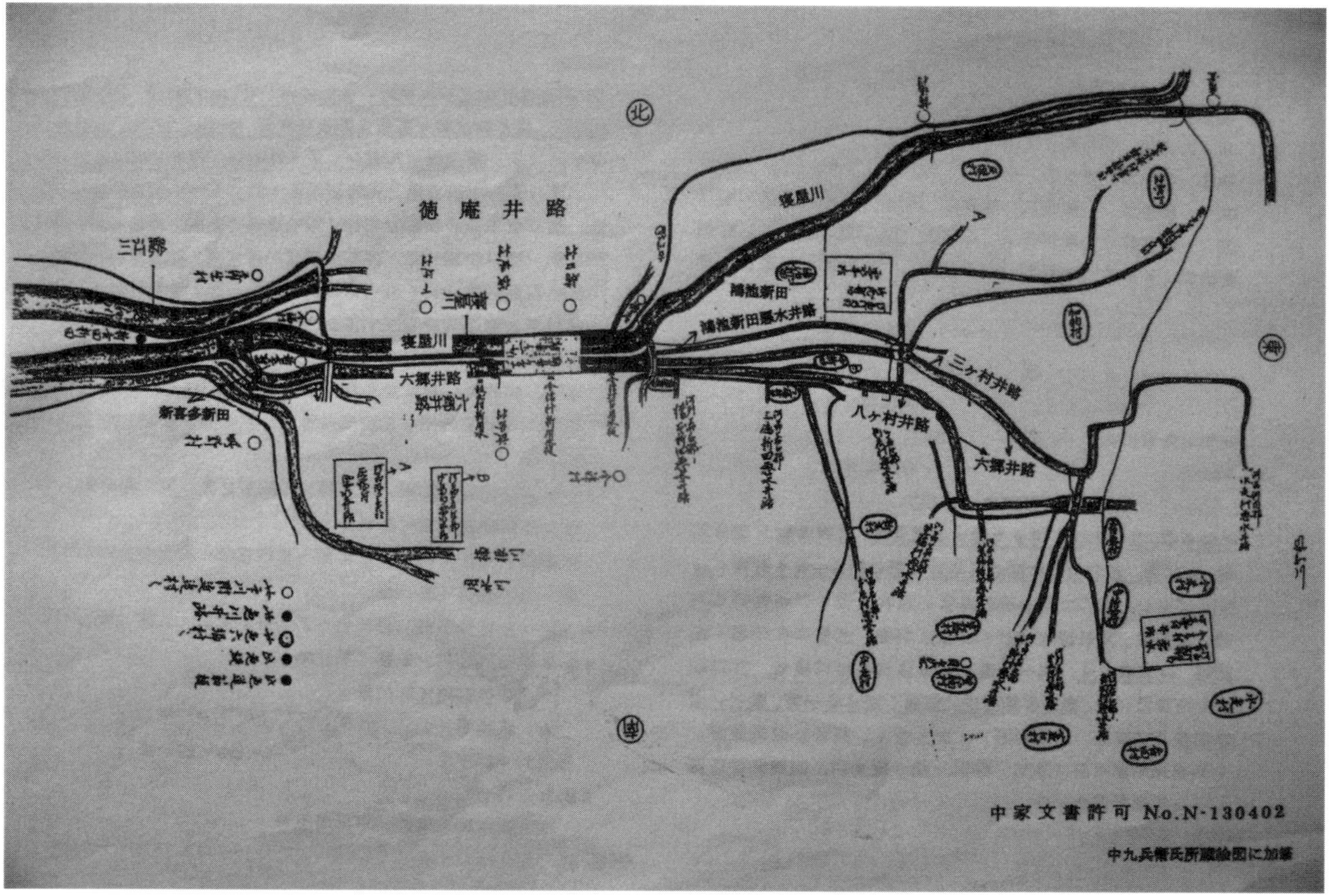

図５　切抜普請以後の徳庵井路図

表3　享保14年春　野崎参りの帰りに訪れた森家の庭園見物人

	日付	見物人	人数
1	3・7	空楽寺恵性	1
2	3・18	平野恵光寺・八尾慈願寺・出口ノ光善寺の僧たち	9
3	3・24	蔵屋敷役人―田村清蔵・堀和助・中塚善七・門番五助・薬行商人才賀屋忠右衛門・盲目六三郎	6
4	4・5	蔵屋敷お留守居役吉田助左衛門の姉・清蔵の内義・足軽善七・助左衛門若党	4
5	4・8	宗運親類天満帯屋六兵衛・同町（名不詳）・北浜米問屋（名不詳三人）・万兵衛	6
6	4・8	向八兵衛方の客三人	3
7	4・8	大坂新地の者八人同道	8
8	4・11	天王寺屋伊兵衛・いつみ屋仁兵衛	2
		長堀（名不詳）・八右衛門夫婦・いせ屋おその・同娘	5
9	4・16	藤坂村之庄屋・年寄など五人・布市吉右衛門同道	6
	合計		50

表４－１　享保14年　森家の逗留人　　享保14年　大の月―1・3・4・6・8・閏9・11（30日）
小の月―2・5・7・9・10・12（29日）

	日付	逗留人とカッコ内は長右衛門との関係と、複数日数滞在の場合はその帰る日	泊数	人数
1	1・4	早野権三郎（足立家親族・土佐藩用聞）・作右衛門（1月10日まで）	6	2
2	〃	野里屋勝二郎（長右衛門長男、7月19日まで）	193	1
3	1・26	早野権三郎（足立家親族・土佐藩用聞）・作右衛門	1	2
4	2・2	豊浦妙清（2月10日まで）	8	1
5	2・3	大和屋庄兵衛（大坂宿屋）・義門師（大坂浦江村漢学者2月6日まで）	3	2
6	2・12	梅寄老（日下村医師）	1	1
7	2・25	江ノ子嶋空楽寺隠居了空（碁師匠、3月28日まで）	32	1
8	3・6	さかい屋平兵衛（大坂の料理屋、4月7日まで）	31	1
9	3・16	義門師（大坂浦江村・漢学者）	1	1
10	3・28	帯屋元之助（帯屋又兵衛の子供）・守口たか（足立家娘、4月7日まで）	9	2
11	3・28	早野権三郎（足立家親族・土佐藩用聞）	1	1
12	4・10	守口たかの乳母の母	1	1
13	4・18	義門師（大坂浦江村・漢学者）	1	1
14	4・24	さかい屋平兵衛（大坂の料理屋、5月2日まで）	8	1
15	5・12	豊浦半右衛門	1	1
16	5・13	八百屋与三右衛門・同仁兵衛・指弁屋喜兵衛	1	3

17	5・20	足立いさ（長右衛門妹・足立註蔵の妻）	1	1
18	6・6	江ノ子嶋空楽寺隠居了空（碁師匠、来た日不明　5日滞在）	5	1
19	6・13	八百屋与三右衛門・同治兵衛・同久太郎（神事の料理担当、6月15日まで）	2	3
20	6・27	豊浦妙清（7月12日まで）	15	1
21	7・12	八百屋与三右衛門（公儀役人の料理献立のため）・新兵衛	1	2
22	7・18	さかい屋平兵衛（7月20日まで）	2	1
23	8・30	江ノ小嶋空楽寺隠居了空（碁師匠、9月4日まで）	4	1
24	9・16	野里屋新助（長右衛門長男勝二郎を改名、9月18日まで）	2	1
25	9・18	大坂藤ノ棚在の人物（名不詳）	1	1
26	閏9・8	吉田助左衛門・松本儀太夫・渡部伴六・堀和助・足軽（名不詳）・半右衛門・飯尾善六他（閏9月11日まで）	2	11
27	閏9・9	萬屋善兵衛・鴻池七兵衛・才賀屋忠右衛門・丸橋屋佐次兵衛・伊勢屋惣五郎他	1	7
28	閏9・28	天満植木屋伝兵衛（ボタン植え替え）	1	1
29	10・18	豊浦妙清（長右衛門家報恩講のため駕籠にて迎えに行く、26日まで）	8	1
30	10・22	註蔵妻いさ・くま・欣七・守口たか	1	4
31	11・25	安富治平（足立註蔵の弟）	1	1
32	**年中滞在**	**近藤元昭　京都に自宅があり長右衛門家に年中滞在し大坂・京都・南都へ出かける**	**年中**	**1**
	合計			**60**

表４－２　複数日数逗留者と日数

人物	回数	泊数	長右衛門との関係
豊浦妙清	3	31	長右衛門家の親族・長右衛門家の報恩講と神事に呼んでいる
野里屋勝二郎（新助）	2	195	長右衛門長男、野里屋へ養子に入っていたが、疱瘡快癒後1月より7月まで逗留
早野権三郎	3	8	足立註蔵の叔母蝶が早野権三郎の父三郎兵衛へ嫁している
さかい屋平兵衛	3	41	大坂の料理屋、長期の逗留は料理担当以外に親戚と思われる
義門師	3	5	大坂浦江村の在で漢学者　足立家に長逗留する
守口たか	2	10	足立家の娘　守口へ養女
足立いさ	2	2	長右衛門妹　足立註蔵の妻
八百屋与三右衛門	3	4	大坂の料理屋　長右衛門家の検見役人来訪や神事や非時の折の料理担当
江ノ子嶋空楽寺了空	3	41	大坂江ノ子嶋空楽寺の隠居で碁の師匠
近藤元昭	年中	年中逗留	京都の繊維を扱う商人であったと思われる。長右衛門家から大坂・京都・南都へ
合　計	**10**		

表４－３　近藤元昭　三都出張表　　下記以外の日は森家に滞在

大坂	京都	南都
		２月８日～15日（７日間）
	３月19日～４月29日（40日間）	３月７日～15日（８日間）
５月19日～21日（２日間）		
５月28日～６月13日（14日間）		
６月23日～７月６日（13日間）		
７月22日～８月１日（８日間）		
９月１日～８日（７日間）		
９月22日～26日（４日間）		
	閏９月14日～帰日不明	
10月７日～20日（13日間）		
10月25日～28日（３日間）		
11月６日～12日（６日間）		
11月20日～23日（３日間）		
行く日不明～12月９日		

表5　森長右衛門交流関係―大坂武士　下線　太字―長右衛門家へ年頭礼
『森家日記』（享保12年～18年）『享保13年浪花袖鑑』

0	氏名	役職	住所	備　考
1	吉田助左衛門	沼田藩蔵屋敷役人	上堺町	お留守居役
2	松本儀太夫	〃	〃	上役
3	鈴木仙右衛門	〃	〃	〃
4	堀和助	〃	〃	下役
5	中塚善七	〃	〃	〃
6	松田定之進	〃	〃	〃
7	渡部伴六	〃	〃	〃
8	松田億右衛門	〃	〃	〃
9	吉田左五平次	〃	〃	〃
10	遠山善右衛門	〃	〃	〃
11	田村清蔵	〃	〃	〃
12	東野伊右衛門	〃	〃	国分村庄屋で享保14年に蔵屋敷役人に登用さる
13	森喜右衛門	〃	〃	本多氏の家老級の人物　享保13年に来阪　すぐ帰国
14	**本多与五平次**	町奉行所役人与力	玉造	長右衛門と植木の趣味を通じて入魂の間柄　年頭礼 長右衛門長男勝二郎の野里屋離縁撤回の説得に来る
15	**本多与八郎**	〃	〃	与五平次の子息　長右衛門家へ年頭礼
16	**朝比奈逸八郎**	〃	〃	御石方　〃
17	**伊藤清左衛門**	同心	〃	鉄砲同心　長右衛門家に年頭礼　道意病気見舞
18	坂部恒之進	与力	〃	長右衛門が年頭礼
19	生駒五左衛門	〃	〃	鉄砲改　〃
20	永田官兵衛	〃	〃	川浚役　〃

21	杉浦仁左衛門	〃	〃	〃
22	寺西諸左衛門	〃	〃	寺社方
23	安井新十郎	〃	〃	普請方
24	八田軍平	〃	〃	地方公事立会
25	大森与右衛門	〃	〃	銅方　長右衛門が年頭礼
26	早川安左衛門	〃	〃	長崎糸割符
27	小泉伊左衛門	〃	〃	川奉行　享保12年日下村へ土砂留奉行に随行
28	成瀬勘右衛門	〃	〃	川浚役　命により享保14年日下村より松の植木を下す
29	大山太介	同心	〃	御蔵手代　鴻池善兵衛振舞に随行
30	大須賀定右衛門	土佐藩蔵屋敷役人	白髪町	土佐藩お留守居役　享保14年足立家で振舞
31	加藤平六郎	旗本大坂城大番	大坂城	足立詿蔵異母弟が母（方昌後妻）の実家へ養子
32	浅井伝蔵	〃	〃	足立詿蔵の母（方昌先妻）の実家　詿蔵従兄弟
33	納所孫太夫	岸和田藩土砂留奉行	岸和田	享保12年7月4日土砂留巡見で日下村宿泊
34	斎藤甚左衛門	〃	〃	享保13年より土砂留巡見
35	山口恒右衛門	〃	〃	享保18年より土砂留巡見　長右衛門家で昼食
36	平岡彦兵衛	大坂代官	大坂鈴木町	享保18年飢人見分の節長右衛門家で昼食
37	大森直八	平岡彦兵衛代官所役人	〃	〃
38	松林和助	〃	〃	〃
39	和田伝右衛門	〃	〃	飢人御見分　長右衛門家庭園見物
40	飯田豊蔵	〃	〃	〃　長右衛門家で接待
41	藤木丈助	〃	〃	長右衛門が年頭礼
42	飯村藤右衛門	〃	〃	〃
43	中原六兵衛	〃	〃	長右衛門家へ庭園見物
44	玉虫左兵衛	京都代官	京都	享保12年巡見時善根寺足立家宿泊　長右衛門お目見え
45	鈴木小右衛門	大津代官	大津	足立詿蔵お目見え

表６　森長右衛門交流関係―大坂町人　○印・太字―長右衛門親戚　下線太字　長右衛門へ依頼事
『森家日記』享保12年～18年

	町人名	職業	住所	備　考
1	**野里屋四郎左衛門** **助三郎**	大坂南組惣年寄 野里屋の親族	内本町橋詰町	長右衛門長男勝二郎の養子先 妙清が死去の時に真っ先に駆けつける
2	**帯屋又兵衛** **元之助**	紙問屋・両替商		日下村借り４貫目両替を依頼　長右衛門父道意病気見舞いに来る 又兵衛の子　疱瘡の時長右衛門が見舞　長右衛門親戚
3	**紙屋永三郎** **次郎右衛門**	紙問屋		次郎右衛門に足立諟蔵父方昌の姉くらが嫁ぐ 足立方昌葬儀に参列
4	**早野権三郎** **三郎兵衛**	用聞	長堀	土佐藩出入用聞　方昌葬儀に参列 三郎兵衛に足立方昌妹蝶が嫁ぐ（享保２年25歳没） 毎年暮に屋敷神への供物の土佐土器と鰀鯽（あゆ）を送ってくる
5	**天王寺屋乾弥兵衛** **伊兵衛**	紙問屋	天王寺	足立諟蔵父方昌の姉かなが嫁ぐ（延宝３年28歳没） 森家へ礼　額田寿松と親戚　紙・砂糖などを購入
6	**平野屋清閑**			長右衛門次男が養子に入り平野屋清助となる 長右衛門長男勝二郎の野里屋離縁の際に説得
7	**小橋屋宇兵衛**	用聞	内本町橋詰町	尼崎藩蔵元・用聞　秋元但馬守、備中岡田藩伊東氏などの用聞 長右衛門親戚
8	**扇屋三郎右衛門**	用聞		毎年銀納の村借　長右衛門親戚　尾張藩廻米役　越前松平家　角倉与市郎用聞　享保14年９月には尾張と越前へ出張
9	**川崎屋四郎兵衛**	諸国炭問屋	吉野町	足立諟蔵の異母弟丹二郎が享保17年２月養子に入る
10	いせ屋惣五郎 久太郎・仁兵衛	郷宿 飛脚		大坂での本多氏20ヶ村の郷宿 本多氏蔵屋敷の触書や借入金の差し替え手形を村へ持参

11	萬屋善兵衛	本多氏用聞	松江町	本多氏検見巡見に随行
12	大和屋庄兵衛	西御番所下宿		森家へ年頭礼　一泊　見中老無尽に加入
13	**飯尾善六**	本多氏出入商人		この人物の松平日向守台所用人としての推挙を本多氏お留守居役 吉田助左衛門から長右衛門に依頼
14	椀屋仁兵衛	道具屋	道修町	椀・家具・食器類を購入　方昌葬儀に参列
15	河内屋市兵衛	平岡彦兵衛代官用聞		長右衛門が年頭礼
16	河内屋吉右衛門	桜井孫兵衛用聞		足立詿蔵と帯屋権兵衛の出入に仲介
17	河内屋太郎左衛門	用聞		詿蔵方神事で浄瑠璃語る　長右衛門が年頭礼
18	河内屋庄兵衛	宿屋		大坂の用聞　長右衛門が年頭礼
19	**柴屋三郎兵衛**	〃	農人橋詰町	小出主計　土岐図書など六家の用聞　享保 14 年３月小橋屋との 問題を長右衛門が仲介し解決
20	大和屋又右衛門	平岡彦兵衛代官用聞		享保 15 年日下村が天領となってからの用聞　長右衛門が年頭礼
21	大坂屋善助	用聞	鈴木町	長右衛門が年頭礼
22	吉兵衛	大坂南組町代		惣年寄野里屋の配下、勝二郎に随伴
23	さかい屋三郎兵衛 住源 さかい屋平兵衛	料理屋	弥兵衛町	森家の料理担当 長右衛門父道意の病気見舞いに来る　方昌葬儀に参列 板前　森家へ長逗留する
24	塩屋庄次郎	塩問屋	北浜２丁目	足立方昌葬儀に参列
25	塩屋庄次郎			〃
26	八百屋仁兵衛 八百屋与三右衛門	料理屋		森家の料理担当 板前　長右衛門父道意の病気見舞に来る　足立方昌葬儀に参列
27	指弁屋喜兵衛	料理人		さかい屋や八百屋とともに森家の料理担当
28	才賀屋忠右衛門	薬行商人		蔵屋敷役人の紹介状を持ち村落を廻る　日下村会所で宿泊

29	柏原屋清右衛門 孫右衛門	書物屋	心斎橋博労町	享保12～18年にかけて森家に出入 享保12年10月三才図会全80巻120匁で購入
30	和泉屋稲本喜兵衛	〃	農人橋詰町	享保14年ごろから森家に出入
31	芳野屋十郎兵衛	〃		享保12年ごろから森家に出入
32	池田忠	〃		延享2年の生駒山人漢文日記に登場　生駒山人が本を買入
33	新庄屋伊兵衛			足立方昌葬儀に参列　森家へ年頭礼　享保18年以後も森家訪問
34	徳久屋《トクサヤ》四郎兵衛	宿屋		いせ屋が満員の時に使用する　長右衛門が2貫目貸しており、享保13年8月火事と主人死去により身代限り（破産）
35	鴻池善兵衛	本多氏蔵元　両替商		森家へ本多氏のお振舞の花見に来る
36	鴻池万右衛門	銀主　両替商		銀18貫840目本多氏借入金手形に日下村はじめ20ヶ村が保証人として捺印
37	鴻池五平次	〃		銀11貫80目本多氏借入金手形に20ヶ村が保証人として捺印
38	鴻池七兵衛	〃		本多氏に貸金　土佐藩の出入商人でもあり足立家での土佐藩留主居役の振舞に同行
39	谷勘左衛門	〃		金額不明ながら本多氏借入金手形20ヶ村が捺印
40	天満屋小兵衛	〃		同上
41	かちや弥兵衛	鍛治屋		森家が農作業道具を購入　修理
42	植木屋喜右衛門 植木屋伝兵衛	植木屋		長右衛門が植木苗を購入 森家庭園で牡丹植替えなどの植木の世話
43	花屋喜兵衛	〃	天満	同上
44	江戸屋五郎兵衛	瀬戸物屋		瀬戸物を購入
45	**井戸堀久太郎** 弥兵衛	大坂城内井戸堀商人		跡目継ぎの件を長右衛門へ依頼

46	丸福屋佐次兵衛	〃		本多氏検見役人に随行　森家で接待
47	郡山屋次郎右衛門			長右衛門が年頭礼
48	濱田屋清右衛門		天満	天王寺乾弥兵衛と長右衛門ともに野崎観音参詣
49	桔梗屋七右衛門	土佐藩出入商人		土佐藩役人の足立家での振舞に随行　土佐藩出入商人
50	平野屋又兵衛	〃		〃
51	大文字屋市右衛門	〃		〃
52	天満屋又兵衛	材木屋		日下村の樋などの修復材料、森家の修繕材木を調達
53	**大津屋孫兵衛**			野里屋への出入願いを長右衛門へ依頼
54	和泉屋善兵衛		久太郎町	森家訪問
55	**帯屋助左衛門**		天満	森家訪問ののち、長右衛門へ依頼事（内容は不明）
56	嶋屋源兵衛			呉服屋　森家が呉服誂え
57	寺井屋喜右衛門	口入屋		森家の奉公人調達　相庄屋作兵衛家と親戚
58	肴屋与兵衛	魚屋		より物（その日に尼崎浜で獲れた魚貝）を売りに来る
59	日野屋伊兵衛	用聞		鷲尾山へ用聞仲間と花見、森家で接待
60	油屋十兵衛	油屋		油・塩を購入
61	郡山屋茂兵衛	両替商	天満	享保 14 年度の国役銀を取替え

表７　河内郡における水利出入　史料『枚岡市史』第一巻本編・第四巻史料編　山論水論関係史料より抜粋

	年月	出入内容	出入村―は対決を示す	仲介人
①	元禄 15・8	恩知川表額田村新樋が植付・芝・神並に水損被害	額田―植付・芝・神並	木積宮神主数馬・日下作兵衛
②	宝永３・３	谷川用水溝、分水争論	出雲井―五条・客坊・切川	植付・額田・池島・四条・豊浦５庄屋
③	元文４・６	五条・客坊・切川三ヶ村の恩知川新樋により市場村水損	市場―五条・客坊・切川	庄屋：北条又兵衛・横小路弥五右衛門 用聞：大坂屋善助・河内屋吉右衛門・油屋兵右衛門・寿屋善兵衛・小橋屋宇兵衛
④	寛保元・３	池島の堤により四条の悪水停滞により切崩し	四条―池島	五条与右衛門・切川武兵衛
⑤	延享３	恩知川堀浚え出入	池島外 49 ヶ村―市場外５ヶ村	
⑥	文政２・４	恩知川筋鯰尾堤、洪水につき態ト切（わざとぎり）出入	豊浦―池島・四条・五条・客坊・切川	六万寺善助
⑦	文政２	恩知川上郷九ヶ村から水走村の悪水吐妨板関取払い要求、３年にわたる争論の後、板関有姿より引下げにて解決	水走―恩知川上郷九ヶ村	高井田・額田両庄屋
⑧	文政６・４	四ヶ村組合立会場所築留用水樋、規約に背き用水引方妨げ	市場―池島・福万寺・上之島	埒明文書欠
⑨	弘化４・８	井関狼藉により用水引込みに差支え、文政年度の上記⑦の水走と恩知川上郷九ヶ村の出入に関係し、長年の複雑な水利関係の解釈の違いにより和談不成立	松原―客坊 文政年度の係争村、水走・吉田・豊浦が関係	用聞六名―白金屋太郎兵衛・八木屋喜助・亀屋木一郎・河内屋平五郎 （狩野《客》探淵用《坊》聞） 小橋屋長兵衛・大坂屋定次郎 （小林《豊》田兵《浦》衛・加藤《松》左七郎用《原》聞）

表８　水利組合　村名一覧

組合名	村　名	備　考
徳庵組 42 ヶ村	**若江郡**―吉原・加納・中新開・箕輪・新庄・本庄・菱江・灰塚・三ケ・吉田・水走・吉田新家 **河内郡**―池島・市場・四条・五条・切川・客坊・豊浦・額田・松原・植付・芝・日下・善根寺 **讃良郡**―中垣内・寺川・野崎・北条・南野 **茨田郡**―蔀屋・堀溝・砂・岡山・小路・高宮・木田・平池・石津・太間・木屋・郡・田井	43 ヶ村 時期により村数は変動あり
六郷組 13 ヶ村	吉田・菱江・中新開・水走・吉田新家・箕輪・本庄・吉原・新庄・加納・三島新田・灰塚・三箇	13 ヶ村のち 16 ヶ村となる
徳庵山方 11 ヶ村	南野・北条・野崎・寺川・中垣内・善根寺・日下・芝・植付・額田・豊浦	11 ヶ村（宝永期は 7 ヶ村）
恩知川上郷 9 ヶ村	松原・吉田・市場・池島・切川・四条・五条・客坊・豊浦	9 ヶ村
茨田郡ともろぎ組 6 ヶ村	木屋・太間・石津・田井・郡・平池	6 ヶ村
茨田郡山方組 7 ヶ村	木田・高宮・小路・岡山・砂・堀溝・蔀屋	7 ヶ村

表９　水利問題協議約定　史料　東大阪市史史料　吉田村明細帳　六郷明細帳

	年月	協議内容	協議村	備考
①	延享２・５	五ヶ村井路幅定め	吉田・水走・菱江・加納・鴻池新田	五ヶ村協議
②	〃	三ヶ村井路幅定め	吉田・菱江・鴻池新田	三ヶ村協議
③	明和７・３	水踏・恩知川・樋番入用池代銀負担	吉田村内での承認	吉田元庄屋源兵衛殿挨拶を以
④	文政９・９	村領境堤修復	吉田・菱江	普請人足諸事出会の儀は七分三分の割合
⑤	万治２・３	吉田悪水井路出樋新規に菱江領へ設置	吉田・菱江	公儀より仰付らる
⑥	万治２・４	吉田悪水井路掘り	吉田・吉原	水落ちに障害あれば四間に堀切り
⑦	万治４・３	恩知川西堤修復普請	吉田―池島・四条・五条	吉田に対し修復普請を池島・四条・五条三ヶ村より仕る筈
⑧	万治４・３	悪水抜川についての減地の年貢を吉田村へ納める	吉田・市場	吉田領内の新川と吉田村・市場村悪水出し川を普請するにつき、その敷地分の吉田村の減地の年貢として市場村が吉田村へ毎年二石三斗を納める

表10　深野四新田地主変遷表

地主交代が頻繁で史料によって様々で確定できないため左に六史料を示しそれぞれの新田の権利移動を上げた

資料	年代	深野北新田	深野中新田	深野南新田	河内屋南新田	河内屋北新田
①『大東市史』 大東市教育委員会 1973	宝永元年（1704）	東本願寺	東本願寺	東本願寺	河内屋源七	河内屋源七
	正徳4年（1714）	天王寺屋六右衛門				
	正徳5年（1715）			平野屋又右衛門		
	年代記載なし					鴻池又右衛門
	正徳6年（1716）	鴻池又右衛門				
	享保7年（1722）		鴻池又右衛門			
	延享2年（1745）			助松屋忠兵衛		
	享和3年（1803）			天王寺屋八重		
	文政7年（1824）			高松長左衛門		
②『近世大東の新田開発―特別展図録』 大東市立歴史民俗資料館 1990	宝永元年（1704）	東本願寺	東本願寺	東本願寺	河内屋源七	河内屋源七（年代不明）
	宝永6年（1709）			**平野屋又右衛門**		
	正徳4年（1714）	天王寺屋六右衛門				天王寺屋吉兵衛 ｜
	享保元年（1716）	鴻池又右衛門				
	享保6（1721）				**平野屋又右衛門**	日下村大龍寺・南野村半右衛門
	享保7年（1722）		鴻池又右衛門			｜

	延享２年（1745）			**助松屋忠兵衛**		鴻池新十郎《又右衛門》 ｜ 百姓持
	享和３年（1803）			**天王寺屋八重**		
	文政７年（1824）			**高松長左衛門**		
	文政11年（1828）					
③『平野屋会所文書』 イ）『享保18年（1733）江戸願』	宝永元年（1704）	東本願寺	東本願寺	東本願寺	河内屋源七	河内屋源七
	正徳元年（1711）					天王寺屋吉兵衛 大和屋仁兵衛
	正徳４年（1714）	（質流れ） 天王寺屋六右衛門				
	享保４年（1719）				（享保４年質入） 平野屋又右衛門	
	享保６年（1721）			（享保３年質入） 平野屋又右衛門		（享保４年質入） 鴻池新十郎
	享保７（1722）		（享保３年質入） 鴻池新十郎《又右衛門》			
ロ）『文化2年（1805）新田明細帳』	享保６年（1721）	鴻池又右衛門	鴻池又右衛門	平野屋又右衛門		鴻池又右衛門
④『鴻池家文書』 『江戸願諸覚帳』1729	享保14（1729）	天王寺屋六右衛門	鴻池又右衛門	平野屋又右衛門		天王寺屋吉兵衛 大和屋仁兵衛
⑤『日下村森家庄屋日記』 1730	享保13（1728）	深野天王寺会所				
	享保15（1730）	天王寺屋六右衛門	鴻池又右衛門	平野屋又右衛門		（天王寺勘兵衛）

⑥『宮崎家文書』	享保6（1721）		宮崎佐助 （5町366）			
	〃		閑唱寺（1町歩）			
	享保13（1728）	鴻池又右衛門	鴻池又右衛門 （7町556）	平野屋又右衛門		鴻池又右衛門
新田石高の変遷 （宮崎家文書）	宝永5（1708） 検地	285.059石	403.127石	302.527石	73.11石	284.731石
	享保4（1719） 再検地	653.894石	1091.684石	695.879石	138.759石	560.015石

表 11　深野新田と本田村の水利出入

	史料	年月	出入内容	出入村　—は対決を示す	仲介人
①	『平野屋新田会所文書』	宝暦２・２	新田側縄手堤重置、古田側に差構	深野南新田—善根寺・中垣内	氷野庄屋元右衛門 木田年寄市左衛門
②	〃	享保 15	恩知川表新田古田立会樋出入 古田三ヶ村より恩知川表立会樋を掘り返し 代官より仲介人両人へ見分を申付ける	深野三新田—御供田・三箇・灰塚	吉原惣右衛門 岡庄屋次郎兵衛
③	『鴻池新田開発事略』	宝永３・８	新田内へ取決め以外の新樋伏せ、加納村の悪水を落すことを差止め	鴻池新田—加納	吉原惣右衛門
④	〃	宝永４・６	新田側が古田村に無届で伏せた樋を古田４ヶ村が掘り起こし	鴻池新田—加納・水走・吉田・菱江・角田	吉田惣左衛門（吉原惣右衛門の書写間違）
⑤	『宮崎家文書』	享保２・５	上郷・下郷村々のよる踏車での排水が五ヶ所村々へ逆流	茨田郡八ヶ上郷・下郷—五ヶ所村々	深野新田支配人佐助 吉原惣右衛門
⑥	『長右衛門記録』	享保６・５	平野屋新田が新規に伏せた樋について取り払い要求、そのままに致しおけば此方より樋を堀り上げると実力行使を示唆	平野屋新田—日下	日下より平野屋新田へ申渡し
⑦	『枚岡市史』資料編	正徳５・３	新田と日下村境の築堤により日下村悪水停滞	深野新田—日下	埒明文書欠
⑧	〃	享保３	灰塚・日下・善根寺三ヶ村の悪水が深野新田内井路へ落ち、新田の水損となる問題	深野新田—灰塚・日下・善根寺	〃
⑨	〃	寛政４	善根寺の新堤取払い要求	善根寺—河内屋南新田・日下	中新田・六万寺・秦三ヶ村庄屋
⑩	〃	寛政６・６	味岡新田内悪水樋妨げ出入により分割の談合	河内屋南新田・深野南新田—日下・布市・善根寺	水走弥曽次 秦村瀬兵衛

表12　六郷組16ヶ村（享保時代は13ヶ村）・恩智川上郷9ヶ村　支配関係

史料　『東大阪市史史料』吉田村明細帳の六郷明細帳

鈴木小右衛門代官所

今米	吉原	中新開	中新田

小堀仁右衛門代官所

三島新田	**菱江**	橋本新田	本庄	**加納**	新庄	箕輪

平岡彦兵衛代官所

鴻池新田	灰塚	三箇

吉田	**水走**
片桐石見守知行所	鈴木小右衛門代官所 曽我又左衛門知行所 曽我熊之助知行所

恩智川上郷9ヶ村領有関係―恩智川に悪水を落とす村々

池島	切川
平岡彦兵衛代官所	平岡彦兵衛代官所

五条	吉田	市場
彦坂九兵衛知行所	片桐石見守知行所	石河庄九郎知行所

客坊	豊浦	松原	四条
鈴木小右衛門代官所 狩野探常知行所	小堀仁右衛門代官所 小林田兵衛知行所	曽我又左衛門知行所 加藤勝兵衛知行所	鈴木小右衛門代官所 彦坂九兵衛知行所

表13　河内郡非人番明細

東大阪市史資料村明細帳

年　号	村　名	家数人数	村からの報酬	備　考
天明7（1787）	荒川村	1人	米9斗　麦1石7斗	明治2年まで同様
宝暦4（1754）	荒川村之内三ノ瀬	1人		
文久元（1861）	東足代村		高持1軒に米2升・麦2升 無高1軒に米5合麦5合	高持7軒— 計米・麦1石4升 無高23軒— 計米・麦1斗1升5合
文政10（1827）	大蓮村	1人　妻子有	米・薪・藁	毎日食べ物与える
天明7（1787）	小若江村	1人	銀90匁	毎日昼食取りに廻る
宝永2（1705）	芝村	1人		芝村・神並村兼務
安永6（1777）	額田村	家数4軒・人数22人 男11人・女11人		煙亡・番人兼務
元文2（1737）	日下村	26人		煙亡26人のうち何人か番人兼務
宝暦8（1758）	日下村	2人		
明治2（1869）	横沼村	1人	米7升・麦1石8斗	
年不詳	衣摺村	1人	家別に米・麦与える　薪・藁	毎日食べ物与える　高所持
享保20（1735）	新庄村	1人	米5斗・麦5斗	毎日食べ物朝昼取りに廻る
宝暦10（1760）	新庄村	1軒8人　男2人・女6人		
延享3（1746）	新家村	1家族4人	米5升・麦5斗	毎日食べ物朝昼取に廻る
弘化2（1845）	稲葉村	1人		
明治2（1869）	稲葉村	1人		
明治2（1869）	菱江村	2人	米5斗・麦5斗	
延享元（1744）	箕輪村	2人	1人に米1石・麦1石	
宝暦3（1753）	菱屋東新田	1人		新家村兼務　家毎に飯料与える
文政10（1827）	吉田村	新家辻1人　小路・辻間・市場1人　艮辻・下嶋辻1人		艮辻・下嶋辻は松原村兼帯

浜田　昭子（はまだ　あきこ）

2001年　佛教大学文学部史学科修了
2002年より日下古文書研究会主宰
　　　　日下村森家日記を中心に河内の村方文書の解読を進める
2008年　佛教大学大学院文学研究科日本史学科修士課程修了
　　　　日下古文書研究会としてこれまでに11集を刊行
著書『かわち日下村の江戸時代』2013

享保《290年前》年間の庄屋日記からよみとく 河内の村と庄屋　日下村長右衛門日々多忙

2020年3月1日　第1刷発行

著　者　浜田昭子
発行人　大杉　剛
発行所　株式会社 風詠社
〒553-0001　大阪市福島区海老江5-2-2
大拓ビル5 - 7階
Tel 06（6136）8657　https://fueisha.com/
発売元　株式会社 星雲社
（共同出版社・流通責任出版社）
〒112-0005　東京都文京区水道1-3-30
Tel 03（3868）3275
装幀　2DAY
印刷・製本　シナノ印刷株式会社

ISBN978-4-434-27226-4 C3021